中国网络文学平台的版权运营研究

A Study of Copyright Operation of Internet Literature Platform in China

王晓丹　　著

中国广播影视出版社

PREFACE

序一

平台的人民与人民的平台

平台是一种古已有之的历史现象，早期的集市、广场、单位等公共空间、社会组织均可以视为平台，是人们展示自我、相互沟通和连接社会的舞台，也是连接供需两端的一种有形的、可见的、社会的场域。从这个意义上讲，刊载文学作品的报刊出版社以及文学社等相关团体组织也都是一种平台。而互联网技术赋能平台，使之成为一种交互融通、突破时空、虚实同构的传播空间，成为数字社会的基础构架，贯穿于当代政治经济和文化娱乐全领域，甚至人们的社会性生死于此，以至于整个社会运作趋于平台化。尤其是随着微博、微信、抖音、快手等移动社交平台的勃兴，过去宛如传统大众传播那样展示传递信息的万维网拓展到联结人人的社会交往平台，参与、融合与群落文化勃兴，万众创作，人人传播，传受互构，“草根经济”崛起，视频话语大兴。由此，连接供需两端的网络出版突破了传统出版线性运作模式，知识生产、流通与消费日趋平台化，步入了所谓平台为王的时期。新闻宣传、文化娱乐、日常消费等多样化、类型化、专业化平台雨后春笋般发展，众多出版社、杂志社和书店等纷纷转向平台。文学这一古老的文化样态与人类记忆模式亦是如此，起点中文网、晋江文学城、

17k 小说网、潇湘书院、红袖添香、榕树下等一批原创文学网站诞生，这也是圆了许多文学青年之梦的文学网络平台的早期模式，继而在移动通讯技术的推动下拓展为应用程序、客户端等更加嵌入到身体与日常生活的平台上，随后更大的多环状大平台淘沙，腾讯、百度、阿里等巨无霸通吃，形成少数大平台垄断的局面。这些平台不仅将创作、阅读、文学社区互动、版权运营与延伸产品开发等垂直价值链整合，还将作品跨领域拓展到影视、游戏、旅游、社交等横向产业链，形成了纵横交织的复合平台生态圈。依托作品在线或离线阅听收费的版权盈利模式也为之一变，形成了多样化的版权运营模式。其实这也是这些网络平台的主要盈利模式，即以原创作品等内容资源为核心所构筑的利润池。进一步讲，独创仍是稀有资源，也是版权竞争、保护的重心，这大抵是古今中外信息传播领域不变的铁律。当然围绕这一重心的游戏玩法变了，更多的普通人表露，所谓草根表达，网络平台尤其是移动短视频平台，赋能于普罗大众，尤其是将抽象的文字话语、影视专业话语普及化，贩夫走卒、花鸟草木等万物皆可言说，不同的社会力量在平台上展演、竞技，多样的社会文化形塑了不尽相同的平台发展轨迹、样态。这样一来，原创著作权的归宿、运营与保护的问题就会更加凸显，使得原本不大清晰、不好分割和难以排他的网络版权问题变得更加复杂，大抵只有平台最清楚，于是对平台内部权力结构、运营理念与价值偏向的反思、规约就成为当前一个重要而前沿的问题，即，我们不得不思考作为一种社会结构的平台。换言之，平台是谁的？是哪些平台企业家的吗？是其背后的资本等力量吗？还是活跃于其上的人民大众呢？平台上的作品版权当属于谁？那些生发于人们日常生活数字足迹的所有权应该属于谁？谁才能更加有效地运营和保护之？

互联网从诞生起就依靠人民大众的力量发展壮大，无论是网站、博客等门户平台为主的1.0时代，还是微博、微信、短视频等社交平台为主的2.0时代，亦或指向未来的智能数字时代，都离不开规模与范围经济，所谓流量、粉丝量、日活量等并未超出此类范畴，即依靠人民参与、主导的广度和深度。换言之，网络平台的主体应是人民，其原创力、传播力和消费力源于人民。荷兰学者何塞·范·迪克认为平台文化是建立在新自由主义经济原则之上的，这是因为平台所奉行的人气原则和排名机制根植于等级、竞争和赢家通吃等自由主义价值[①]。但这忽视了平台同时也具有共建共创共享等集体主义逻辑和社会主义乃至共产主义精神，即强调更加开放透明，更加注重激发广大人民群众的创造力，更加强调公平正义，对自私自利与疯狂扩展的资本始终加以规约，也是社交平台崛起的基石。进一步讲，网络文学平台的版权运营与保护的出发点、落脚点均应是人民，这不仅是因中国特色社会主义的平台不能止于在商言商而应肩负相应的社会责任与义务，更为重要的互联网尤其是移动社交平台打破了西方自由主义所主张的公私二元对立框架，公私之间界限日趋模糊，日渐同构。这恰暗合了家国天下的中国传统思想与坚持人民至上的党百年奋斗的宝贵经验。也就是说，平台应是人民的，网络文学等作品以及社交关系、行为数据源于人民，所谓UGC、PGC抑或智能物化的MGC同样来源于人民，其发展成果也应为人民所共享。由此，网络文学平台版权运营首要考量的应是丰富多元的人民需求与利益，建构差异化、多样化

① José van Dijck (2013). *The culture of connectivity _ a critical history of social media*. Oxford University Press. p32.

和公平正义的网络空间，惟其如此，方能避免自由市场主义资本至上所滋生的内容同质化、同一化、模板化。这意味着在网络文学版权运营中要思考如何更好地发挥人民的主体性、积极性，如何形成平衡人民利益与经济利益，如何建构服务人民的平台生态圈等问题。

当然，信息传播技术也是研究平台问题必须考量的重要问题，平台运营来不开数据、算法、VR、AR、AI等技术以及诸如MGC、AGC与元宇宙等内容形态与数字生态，这其中数据是核心资源，包括作品或产品、用户档案与关系及行为等所有流淌于平台网络之物；而算法则是关键运作机制，排名、活跃度、点赞率和推送等均由算法所左右；VR等则是表达呈现样态，一定程度上决定着艺术性与观赏性。因此，我们需要思考算法等自动化、智能化机制在多大程度上影响着版权运营？MGC等在多大比重上构成了版权内容？暗技术在多大程度上损害了版权运营的健康秩序？

研究平台问题无疑是一个前沿问题，也是一项复杂工作，需要密切关注变动不拘与丰富多样的实践，需要多学科、多种理论和方法综合运用，更需要突破西方中心主义的知识范式，深入探讨中国平台实践的世界意义。这是当代青年学者的历史机遇与使命，也是本书的意义和价值抑或是对作者未来学术之路的一种希冀。

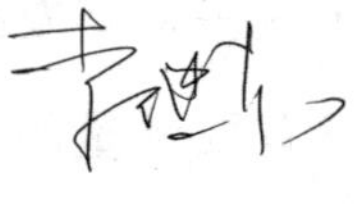

中国传媒大学研究员、博士生导师

PREFACE

序二

互联网进入中国后，网络文学迅速爆发并持续高速发展，这是互联网推动中国社会再一次迎来更加广阔而深远的思想解放的结果。网络文学的诞生，究其根本，源于席卷全球的媒介革命，也源于本民族历史悠久的文化心理和强大的文化创造能力。中国的网络文学与美国好莱坞大片、日本动漫、韩国电视剧一起，以泛娱乐的方式渗透于不同的国家、不同的文化、不同的种族，面向所有个体，塑造着世界文化版图。如果文化可以盈利，资本则会有所倾斜；如果文化发展成为产业，并能影响社会主流价值观，那么国家政府就会将其纳入国家发展战略之中。于是，文化发展、经济驱动，以及国家政策的维护和推动，为以网络文学为龙头的互联网文化产业的未来发展奠定了坚实的基础。

纵观中国网络文学 20 余年的发展历程：1998 年台湾网络作家痞子蔡发表《第一次亲密接触》，由此“网络文学”正式命名；1997 年榕树下作为专业的网络文学网站上线；2003 年起点中文网采取付费阅读制度，网络文学的商业模式形成，自此正式步入商业化阶段。逐渐，网络文学的行业边界日趋淡化，延伸出新的格局，出现了将网络文学内容进行影视剧、游戏、动漫等不同内容形式再开发的现象，从而进一步获得版权价值。盛大文学时期提出全版权运营的版权运营模式理念，直到2015年被腾讯集团收购后得以实现。全版权运营方式由网络文学平台全程参与，打破了过去将版权出售给开发公司、割裂式开发的模式，而是聚焦于网络文学版权，以网络文学为源头进行“影、游、动”泛娱乐行业的联动，拓宽了从“流量经济”到“内容经济”的网络文学市场覆盖面。不仅是腾讯的阅文集团，越来越多的网络文学企业加入到内容领域，形成竞争之势，阿里文学、百度文学、中文在线、掌阅科技均以开放的姿态推动网络文学版权运营。阅文集团主推IP合伙人制，联合产业内的开发公司作为合作伙伴，将运营提前至内容生产源头；阿里文学打造开放合作的IP衍生模式，向合作伙伴开放部分网络文学版权；百度文学被完美世界收购后，又重新布局网络文学市场，入股七猫小说等，发力IP孵化；中文在线围绕数字出版为核心业务，进行多触角运营；掌阅科技以文学内容创作作为核心的资本投入。从没有盈利目的发展到建立付费阅读制度并逐渐形成网络文学版权开发产业链，网络文学成为新一轮文化产业创新发展的核心动力，也成为国家文化发展战略的重要组成部分。

作为新兴的文艺和市场力量，在政府的积极倡导和扶持下，在资本的大量倾斜下，网络文学迎来了最好的发展机遇期，进入了新的历史拐点，但要实现网络文学有序、健康的发展，还需要正视其发展的局限性。目前，网络文学市场存在“量大质不优”、过度商业化运作、盗版侵权等问题。所以，在网络文学的未来发展中，要更加理性地审视网络文学内容，从追求规模向质量优先转型，明确内容的本质是被大众所接受的价值观；更加规范化、多元化、精品化、品牌化地运营网络文学版权，延伸“内容经济”，创新商业模式；更加有力地保护网络文学版权，确保版权保护在网络文学平台版权运营过程中的核心地位，是网络文学可持续健康发展的前提和保障。

王晓丹在她的论著《中国网络文学平台的版权运营研究》中，以版权运营为研究方向，以梳理历史、分析现状、寻找问题、解决问题的逻辑思路展开研究，为网络文学市场目前存在的问题提供了有效解决方案，也为网络文学市场的未来发展提供了清晰的思路和蓝图。

网络文学现已从文学边缘走进文化舞台的中央，彰显出了不可限量的文化价值、社会价值和经济价值。在文化价值方面，它改写了当代文学的总体格局，成为当代文学发展里程碑式的重要节点；在社会价值方面，它关涉到网络思想文化阵地的掌控、国家意识形态的建设，还关涉到当代社会主流价值观的导向、国家文化软实力的提升和文化形象的构建；在经济价值方面，更是成为新时期文化产业领域的一座“金矿”。未来，希望作者能继续深化此项研究，将研究做得更细更精，为网络文学产业健康繁荣且富有中国特色的发展，提供更多具有前瞻性的深度研究。

王晓红

中国传媒大学教授、博士生导师

PREFACE

序三

中国网络文学被称为是与美国好莱坞大片、日本动漫、韩国偶像剧比肩的“世界四大文化奇观”之一。中国当代文学发展30年最重要的变化，就是网络文学的诞生，这是中国社会发展的必然产物，也是超越以往任何一次的文学革命。因此，网络文学产业的未来发展方向，成为业界十分关注的课题。

近十年来，不断出现将网络文学改编为影视剧、动漫、游戏的现象，于是学界普遍开始研究网络文学版权开发、版权保护等方面的问题，这无疑是颇为重要和必要的。但目前针对网络文学平台版权运营所面临的实际问题以及如何解决这些问题的研究仍远远不够。王晓丹的论著《中国网络文学平台的版权运营研究》就是以网络文学平台的版权运营作为研究对象，顺着发展历程、运营现状、存在问题和发展策略的逻辑思路研究，不仅拓展了理论研究视野，对认识和解决网络文学平台版权运营的难点问题亦颇具现实意义，对中国网络文学产业的发展繁荣具有积极的科学认识价值与促进作用。

本论著的研究成果是王晓丹的经年累积。从确定选题开始，她便大量收集、阅读相关资料，对文献资料的深入了解是她完成这项研究的基础。然而，网络文学产业的发展更重于实践，为此她多次到相关企业进行深度采访、实地观察，并与网络文学作者、用户深入交流，从创新的研究视角出发，完善了此项研究的完整性。作者执着的探求精神和在不断沉淀总结基础上创新的能力，以及严谨的治学态度，在本书中都有体现。

在我看来，本书研究视野宏阔，研究方法得当，行文规范，材料充实，体例完整，结构清晰，论述畅达，观点鲜明，从理论研究和实践研究的“双重视域”启迪我们思考。

在理论方面，本书运用到了规模经济理论、范围经济理论、平台经济理论和差异化战略理论，对中国网络文学平台版权运营问题做了比较系统的研究。通过对网络文学平台及版权运营发展历程的研究，进一步梳理了规模经济效应和范围经济效应的实现过程，又在对网络文学平台版权运营未来发展的研究中，应用到平台竞争策略和差异化战略理论，丰富了这两种理论的应用范围，也进一步阐释了这两种理论的意义。

在实践方面，其一，这是第一次对中国网络文学平台的发展历程、版权运营模式的变迁等问题进行完整、准确、详尽的梳理。作者将网络文学平台的发展分为三个阶段，分别为从论坛式网络文学平台到专业化网络文学平台时期、从盛大文学“一家独大”到与互联网巨头“争霸”时期、BAT“三足鼎立”时期，版权运营模式也依次经历了“付费阅读＋广告”“付费阅读＋版权供给”“付费阅读＋全版权运营”的过程。历史研究是着眼未来的基础，只有对网络文学平台及版权运营模式的发展历程深刻了解，才能系统全面地梳理现阶段网络文学平台版权运营模式，才能以科学客观的视角探索网络文学平台版权运营的未来发展。

二是本书从供给侧和需求侧两个角度分析，体现了作者清晰的研究思路和严密的研究逻辑，以及对一个较为复杂行业现象的驾驭能力。本书提出中国网络文学平台版权运营存在着供给侧内容同质化、需求侧需求价格弹性高的问题，继而又从供需两侧的角度提出，供给侧实现从内容、版权运营到平台服务的差异化，需求侧提高网络文学用户的版权意识并开拓海外用户市场的发展路径。该论著阐释环环相扣且重点突出，是本书的亮点所在。

面对发展所伴随的问题，王晓丹在《中国网络文学平台的版权运营研究》中提出，每个网络文学平台都应该对自己的版权运营提出宏观、整体、系统的规划，做出自己的品牌特色，在内容、版权运营模式、平台服务等方面进行革新，对此我深以为然。这是作者学术生涯的阶段性成果，期待作者能继续完善和推进这项研究，以更加专业的视角和独到的见解，完成中国网络文学平台在版权运营方面里程碑式的教科书。

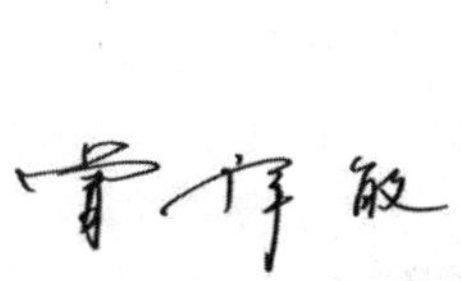

中国传媒大学教授、博士生导师

目　录

导　语　1

第一章　中国网络文学平台及版权运营的发展历程　37

第一节　中国网络文学平台及版权运营的萌芽期　40

一、从论坛式到专业化网络文学平台　40

二、版权运营模式：付费阅读+广告　44

第二节　中国网络文学平台及版权运营的探索期　46

一、从“一家独大”到巨头“争霸”　46

二、版权运营模式：付费阅读+版权供给　51

第三节　中国网络文学平台及版权运营的发展期　54

一、BAT“三足鼎立”　54

二、版权运营模式：付费阅读+全版权运营　58

第二章　中国网络文学平台的运营现状　61

第一节　中国网络文学的发展环境　64

一、政治环境　64

二、经济环境　68

三、技术环境　69

第二节　中国网络文学平台的核心竞争力　71

一、阅文集团　　依托社交媒体　72

二、阿里文学——依托电商　75

三、百度文学——依托搜索引擎　77

第三章　中国网络文学平台版权运营的现状　81

第一节　供给侧：网络文学版权增值　87

一、基础产品：数字阅读产品　88

二、第一层增值：实体出版产品　90

三、第二层增值：视听产品　91

四、第三层增值：互动产品　106

五、第四层增值：衍生品　110

第二节　需求侧：网络文学用户需求多元化　113

一、网络文学用户的典型画像　113

二、网络文学用户的多元化需求分析　114

第三节　匹配供需两侧的网络文学版权运营模式　117

一、整体规划　117

二、全程运营　123

三、粉丝转化　129

第四章　中国网络文学平台版权运营的问题　135

第一节　供给侧：网络文学内容同质化　142

一、过度追求“量”　143

二、过度商业化　144

第二节　需求侧：网络文学用户付费意识淡薄　151

一、版权意识薄弱　151

二、依赖免费内容　155

第五章　中国网络文学平台版权运营的策略　157
第一节　供给侧：差异化战略　160
一、内容差异化　161
二、版权运营品牌化　174
三、提高转换成本　181
第二节　需求侧：优化网络文学用户　192
一、提高版权意识　192
二、拓展用户市场　193
第三节　加强网络文学版权保护　196
一、健全法律制度　197
二、落实行政、司法保护　198
三、加强行业自律　199

结　语　202

参考文献　205

后　记　216

图目录

图 导-1　网络文学平台版权运营的差异化战略理论框架　30

图 导-2　研究框架　36

图1-1　2014年第3季度中国网络文学活跃用户市场竞争格局　48

图1-2　“付费阅读+版权供给”的版权运营模式　53

图1-3　2015Q2网络文学企业PC+移动端

平均月度覆盖人数（万人）　55

图1-4　2015Q2网络文学企业竞争力分析（分维度）　57

图1-5　“付费阅读+全版权运营”的版权运营模式　59

图2-1　腾讯互动娱乐　72

图2-2　阅文集团2017-2020年收入　73

图2-3　阅文集团生态系统　74

图2-4　阅文集团版权运营模式　75

图2-5　阿里大文娱　76

图2-6　百度“泛娱乐”生态系统　78

图3-1　网络文学平台版权运营的双边市场　86

图3-2　网络文学版权开发产业链　87

图3-3　2016-2020年中国网络文学市场规模及营收结构　89

图3-4　《斗罗大陆》电视剧海报　119

图3-5　《全职高手之巅峰荣耀》动画海报　120

图3-6　《琅琊榜》电视剧海报　121

图3-7 《欢乐颂》电视剧海报 122

图3-8 《择天记》动画海报 124

图3-9 《择天记》电视剧海报 126

图3-10 网络文学版权历时性运营流程图 127

图3-11 网络文学版权同步性运营流程图 129

图3-12 《三生三世十里桃花》电视剧海报 132

图4-1 2015年第2季度BAT移动阅读APP月均活跃用户数对比 139

图4-2 2015年第2季度BAT各移动阅读APP月均活跃用户数（万） 139

图4-3 2020年移动阅读月活APP 140

图5-1 长尾理论模型 166

图5-2 电视剧《琅琊榜》中的梅长苏 178

图5-3 《无心法师第一季》电视剧海报 179

图5-4 《无心法师第二季》电视剧海报 179

图5-5 《无心法师第三季》电视剧海报 179

图5-6 《微微一笑很倾城》剧中肖奈代言《新倩女幽魂》手游 181

表目录

表1-1　主要专业化网络文学平台概况　42

表1-2　盛大文学与互联网巨头“争霸”　49

表1-3　2014Q4移动阅读企业竞争力分析　49

表1-4　BAT“三足鼎立”　55

表1-5　2015Q2网络文学企业竞争力分析（总体）　57

表2-1　中国版权保护的政策法规　65

表3-1　网络文学改编电视剧一览表　94

表3-2　网络文学改编电影一览表　96

表3-3　网络文学改编动漫一览表　100

表3-4　网络文学改编游戏一览表　107

表5-1　BAT网络文学平台的内容题材　162

表5-2　5款移动阅读APP的阅读体验　185

导 语

一

20 世纪 90 年代初期，网络文学诞生了。最初的网络文学是为满足用户个性化表达需求而诞生，不带有商业目的，文字工作者或者文学爱好者可以在互联网上自由地创作，抒发个人情感，与同好分享交流。后来，独立、成熟的专业化网络文学平台出现，例如起点中文网、榕树下、晋江文学城等，这个时期的网络文学平台开始实施付费阅读的政策，盈利模式吸引了大量的网络文学作者，丰富了平台的内容储备，从而引来了大量的网络文学用户。

2004 年，盛大集团为了给盛大游戏寻找内容支撑，先后收购了 7 家网络文学平台，分别为起点中文网、红袖添香、潇湘书院、晋江文学城、榕树下、小说阅读网和言情小说吧，营造了盛大文学“一家独大”的盛世局面。此时的盛大文学旨在构建“中国最大的全版权运营基地”，但对于版权运营还停留在文学层面，建立了全文学产业链。

2013 年之后，腾讯、百度两家互联网巨头开始进入网络文学市场，互联网巨头企业拥有雄厚的资本和丰富的渠道资源，于是盛大文学“一家独大”的格局不复存在，转而变成了腾讯、百度、盛大“争霸”的网络文学市场格局。起点中文网的核心团队出走盛大文学之后，2015年盛大文学被腾讯收购，成立阅文集团。同年，阿里巴巴进入网络文学市场，成立了阿里文学。在这之后，腾讯、阿里、百度（以下简称“BAT”）纷纷提出“泛娱乐战略”，拓展网络文学版权价值的可开发空间，网络文学的市场结构进入了BAT网络文学平台“三足鼎立”的时代。这个时期的网络文学版权运营，从过去简单无序的开发模式，走向了一体化、系统化、产业化的模式，从过去割裂的“泛娱乐”产业，到现在将一个内容版权进行全版权运营。全版权运营不仅有利于资源配置，还能更好地掌控开发时间、顺序、营销方式等，可有效协调运营过程中可能存在的内部矛盾，更加有效地提高版权开发价值。

针对现阶段网络文学平台版权运营所呈现出的多维度、多元化、多层面发展趋势，本书进行了系统性、全面化研究，具有必要性、重要性和突破性。

（一）网络文学平台版权运营研究的必要性

随着中国网络文学平台的发展，版权运营的模式也在不断发展变化：从无偿转载传播的运营模式、无序出售网络文学版权改编权的运营模式，再到网络文学全版权运营模式。目前，中国网络文学的市场结构是被BAT网络文学平台垄断的，阅文集团依托腾讯的社交平台、阿里文学依托阿里的电商数据、百度文学依托搜索引擎，开拓网络文学市场，进行“泛娱乐”布局。网络文学平台不再局限于内容层面的生产和传播，而是多元化经营，以网络文学版权为核心进行全版权运营，将网络文学开发为影视剧、游戏、动漫、有声阅读等不同形式的媒介产品。版权开发价值最大化和版权授权正规化是这一阶段网络文学平台版权运营最重要的两大特点。

中国网络文学平台在不断扩大自身规模和经营范围的过程中，网络文学平台版权运营的问题也不断凸显出来：在网络文学平台的供给侧，由于作者对字数和更新量的畸形追求，以及网络文学的内容应市场需求而生产，商业化严重，造成了网络文学平台内容同质化、可替代性强等问题；在需求侧，由于网络文学用户的版权意识薄弱，依赖于免费内容，使用户的付费意识淡薄，需求价格弹性大。目前，阿里文学等网络文学平台采用免费策略吸引网络文学用户，旨在用价格战在BAT“三足鼎立”的市场结构中获得竞争优势，这会造成网络文学平台陷入“伯川德悖论”的境地。

中国网络文学平台的版权运营当前所暴露出的问题与危机，是本书展开研究的根本出发点，也是本书研究的必要性之所在。

（二）网络文学平台版权运营研究的重要性

深入系统地研究网络文学平台版权运营的发展历程和现状，分析网络文学平台的版权运营模式，探讨网络文学版权运营目前存在的突出问题，并提出切实可行的解决方案，可为中国网络文学市场的未来发展提供清晰的思路和蓝图，既具有重要的理论价值，又具有重要的现实意义。

从理论价值而言，本书可丰富和完善中国网络文学的研究体系，在其他研究者前期研究的基础上拓展研究范围。网络文学自诞生以来，经历了二十余年的发展历程，在其发展过程中伴随着网络文学研究成果的不断充实和突破，包括对网络文学相关概念的界定、网络文学发展历程的总结、网络文学平台的梳理、网络文学的批评鉴赏、网络文学改编的研究等，但对于版权运营的研究尚未建立起相应的理论体系。本书全面系统地研究中国网络文学平台的版权运营，从梳理历史、审视当下、研判未来的维度出发，有效结合规模经济理论、范围经济理论、平台经济理论和差异化战略理论，不仅进一步阐释了理论的意义，还丰富了理论的应用范围，在已有理论的基础之上提出了网络文学平台版权运营的差异化战略理论框架，对于搭建和架构完整的中国网络文学研究体系具有十分重要的理论价值。

从现实意义来看，本书具有较强的实践意义，梳理了中国网络文学平台从诞生到现在的发展历程和版权运营模式的变迁。随着网络文学平台的发展，中国网络文学平台版权运营的模式也相应发生了变化。目前中国网络文学平台版权运营存在着供给侧内容同质化、需求侧需求价格弹性高的问题，这会使网络文学平台的竞争陷入“伯川德悖论”中。那么解决这一问题的最好方式，就是实现网络文学平台版权运营从内容到平台服务的差异化，同时提高网络文学用户的版权意识，增加付费用户，并拓展海外用户市场，这是中国网络文学平台今后在版权运营方面的发展方向。

中国网络文学平台版权运营研究具有重要的理论价值和现实意义，是本书研究的意义和价值，也是本书研究的重要性之所在。

（三）网络文学平台版权运营研究的突破性

过去对网络文学版权的研究多集中在网络文学版权保护、网络文学全版权运营等某一方面，本书全面、系统、整体研究的突破性体现在研究思路、研究角度、研究方式三个方面。

第一，在研究思路方面。本书梳理了网络文学平台的发展历程和版权运营模式的变迁，以此作为研究中国网络文学平台版权运营的基础。继而顺着发展历程、运营现状、存在问题和发展策略的逻辑思路进行研究，全面分析了现阶段网络文学平台版权运营模式，系统、深入地探讨了中国网络文学产业发展中极其重要的问题，为网络文学市场目前存在的问题提供了切实可行的解决方案，也为网络文学市场的未来发展提供了思考路径。本书不但拓展了理论研究的视野，而且对于认识和解决网络文学平台版权运营的难点问题颇具现实意义。

第二，在研究角度方面。本书研究角度新颖、全面，通篇从供给侧和需求侧两个角度出发，完整、系统地梳理网络文学平台版权运营现状和存在问题，为实现供需两侧的高度匹配，提出网络文学平台版权运营的未来发展路径。

第三，在研究方式方面。本书系统总结并梳理相关案例，绘制大量的表格和示意图，更加直观、形象、多维度地展现网络文学平台及版权运营的发展历程，版权增值方式、版权运营模式等发展现状，中肯、客观、全面地揭示网络文学产业发展的一般规律。

从不同维度研究中国网络文学平台的版权运营，是本书的特色和亮点，也是本书研究的突破性之所在。

二

目前国内外对于网络文学版权运营的研究已取得一定的进展，我们应吸纳和借鉴已有的关于网络文学版权运营模式、网络文学版权保护等相关研究成果，作为进一步深入研究的基础。

（一）国外研究现状

国外没有专门针对网络文学版权运营的研究，对内容版权的开发模式可归纳为两种，一种是以日本为代表的分版权运营模式，另一种是以美国为代表的全版权运营模式。

日本的内容版权往往由电视台、电影公司、音像公司等多个版权方共同出资购买后拥有，版权方联合成立制作委员会，对版权统一规划，将版权开发为电影或动画片，全程监修版权开发、发行、放映等，不仅可以分散风险，还可以集中资源提高变现效率。日本的内容版权开发需要集结不同领域的优质资源，根据内容所改编的产品类型分别授权，也就是说，制作委员会将电影、电视剧、游戏、动漫的改编权授权给不同领域的优质制作方来生产优质内容。除了电影票房或电视放映权授权所得收入外，制作委员会还会获得游戏、出版、衍生品等改编权的授权或销售收入。日本非常重视“粉丝效应”，通过大数据手段了解用户的需求与喜好，打造一个能够长期化、系列化运营的内容产业，分布于影视、游戏、漫画等领域。

美国对内容版权的运营采用全版权运营模式，即指一家企业拥有并独立运营整个版权，最具代表的就是迪士尼的轮次收入模式和好莱坞的系列化运营模式。迪士尼会对优质的内容反复开发和利用，从线上文学到影视作品、动漫、游戏，线下实体出版、主题公园、衍生品，形成轮次收入。好莱坞十分注重系列化运营，把文学作品改编为电影和电视剧，连续制作续集内容，例如将一部文学分成几本书来写，将一部电影分成几集来拍，将一部电视剧分成几季来播，根据第一轮受众的反馈，进行下一轮内容版权的开发，获取绝对的商业利益。

（二）国内研究现状

国内对于网络文学版权运营的研究已经涌现了一大批研究成果，这些研究大多集中于网络文学的发展历程、版权运营模式、发展困境及策略等方面，倾向于对版权运营的某一具体角度进行研究。本书将文献进行分类梳理，分别从发展历程、发展现状、发展困境、发展策略四部分进行阐释。

1. 发展历程

对于网络文学的总体发展，欧阳友权将网络文学 1991 年至 2013 年的发展历程，从网络文学术语概念、站点写手、作品文类、语言表达、文学事件等角度，逐日、逐月、逐年地进行了搜集和梳理。[①] 并整理了网络文学自诞生以来的所有研究、评论网络文学的学术期刊和学位论文存目、网络文学理论批评报纸文章存目、学术会议网络文学

① 欧阳友权 . 中国网络文学编年史 [M]. 北京：中国文联出版社 , 2015.

论文存目、网络文学研究学术著作存目、网络文学出版作品存目、名作家博客文章存目等。[1]

对于网络文学平台的发展，纪海龙将100家网络文学网站进行分类，分析了每一家网络文学平台的发展历程、运营方式、网站特色等，网络文学平台具有盈利方式日益多元化、全版权运营成为必然、让利作者、推动网络文学"主流化"发展的发展趋势。[2]夏莹认为，网络文学平台经历了以"水木清华"为代表的论坛式网络文学时期，以"榕树下""起点中文网"等专业化网站为代表的垂直式网络文学时期，盛大、百度、腾讯、阿里巴巴等集团式网络文学时期。依次形成了"收费阅读+广告"的"媒体式"商业模式、基于文学产业链的"全产业链"商业模式、以版权运营为核心的"泛娱乐"商业模式，网络文学市场结构经历了垂直式网站主导、垂直式网站与互联网共同主导、互联网巨头主导的演进过程，并提出网络文学市场参与者对商业模式的构建与重塑是网络文学市场结构演进的推动力。[3]欧阳友权提出，网络文学平台经历了榕树下、黄金书屋等文学网站以分享为目的的艰苦探索期，以起点中文网为代表的商业化转型期，"网络文学+"的市场化运营高效发展期，最终形成"一超多强"的发展格局，"一超"即阅文集团，"多强"有中文在线、百度文学、阿里文学、掌阅文学、17K小说网等。[4]经过二十年的产业化探索，网络文学形成了以付费阅读、广告、粉丝打赏等盈利模式为主的线上经营模式，以线下出版为主要

---

① 欧阳友权．中国网络文学编年史 [M]. 北京：中国文联出版社，2015.

② 纪海龙．网络文学网站100[M]. 北京：中央编译出版社，2014.

③ 夏莹．网络文学市场结构演进研究 [M]. 湖南师范大学，2016.

④ 欧阳友权．中国网络文学二十年 [M]. 南京：凤凰文艺出版社，2019：48-51.

内容的产业经营模式，以 IP 为核心的衍生产业。①

对于网络文学版权运营的发展，鲍娴提出，网络文学版权运营经历了榕树下、盛大文学、阅文集团三个阶段，榕树下时代的网络文学版权运营为实体出版和版权代理，盛大文学时代为纸质出版、数字出版和影视改编，阅文集团时代从横纵两个方向进行全方位运营，横向运营包括线下实体出版、影视、动漫、游戏改编等，纵向运营即以网络文学为起点进行产业链的深度拓展。②欧阳友权认为网络文学版权运营经历了四个阶段：第一阶段，储备版权内容，扩充题材类型，开发网络文学上下游产业链，但缺少资本运作；第二阶段，进入版权改编时代，影视、游戏产业逐渐介入；第三阶段，网络文学泛娱乐产业链形成，网络文学平台开始探索全版权运营模式，与影视、动漫、游戏、音乐、有声读物、舞台剧等周边媒体跨界合作；第四阶段，网络文学集团形成，网络文学平台深度挖掘版权价值。③

2. 发展现状

在网络文学版权运营模式方面，江小妍等归纳了四种 IP 运营模式，分别以迪士尼为代表的“动画电影 + 全产业链延伸”模式，以《哈利・波特》为例的“小说出版 + 电影版权 + 发展衍生品”模式，以阅文集团为代表的“网络文学 + 影视授权”模式，以《左耳》为例的“出版社影视投资 + 反哺 IP”模式，并分析了这四种模式的优

---

① 欧阳友权 . 中国网络文学二十年 [M]. 南京：凤凰文艺出版社 , 2019 : 174-185.

② 鲍娴 . 泛娱乐生态体系中的网络文学版权运营 [J]. 中国出版 , 2017（17）: 37-38.

③ 欧阳友权 . 中国网络文学二十年 [M]. 南京：凤凰文艺出版社 , 2019 : 189-190.

势、劣势、机会、威胁。[①] 姚婷婷将网络文学版权运营模式分为自发型和策划型两种，并分别分析两种模式的优势、劣势、机会、威胁。[②] 陈飞依据资源获取方式的不同，归纳出网络文学版权开发的“原创支撑 + 衍生开发”模式、“外部获取 + 衍生开发”模式、“版权合作 + 衍生开发”模式，并对比研究三种模式的特点。[③] 王宁将网络文学平台版权运营模式分为以内容产销为核心的多版权模式、以价值创造为核心的泛娱乐模式，并指出中国网络文学版权运营具有类型化、模式化、强联动性、高参与性等特点。[④] 熊绎景分析了阅文集团的版权运营模式，分别为以 IP 全链式服务为核心的联合运营模式、以深化产业链为核心的自主运营模式、以文化驱动为核心的海外运营模式。[⑤] 高黛云将网络文学 IP 运营方式分为四类：IP 全版权运营，打造产业链生态闭环；跨平台、跨界运营，联合打造优质 IP；专项独立工作室，打造同类型 IP；IP 反向定制。[⑥]

在对比研究方面，王鹏将盛大文学、百度文学、豆瓣读书、网易阅读等网络文学平台的版权运营模式，从版权内容生产能力、聚合能力、销售能力等方面进行了对比研究，认为应进一步优化版权内容生产及收费模式、优化版权营销方式、发展“粉丝经济”、实现跨界运营。[⑦] 李阳冉对 BAT 网络文学业务进行对比，分析互联网巨头在全版

① 江小妍，王亮．泛娱乐环境下的 IP 运营模式研究 [J]. 科技与出版，2016（5）：23-26.

② 姚婷婷．阅文集团 IP 运营研究 [D]. 南京：南京大学，2016.

③ 陈飞．腾讯实行“IP”全版权开发的相关研究 [D]. 上海：上海社会科学院，2017.

④ 王宁．我国网络文学 IP 运营研究 [D]. 武汉：武汉大学，2017.

⑤ 熊绎景．阅文集团网络文学 IP 运营研究 [D]. 湘潭：湘潭大学，2019.

⑥ 高黛云．互联网情境下网络文学 IP 运营分析 [J]. 西部学刊，2019（9）：133-134.

⑦ 王鹏．国内文学网站的版权运营模式研究——以盛大文学为例 [D]. 长春：吉林大学，2015.

权运营模式上的创新：阅文集团利用社交优势实现经济效益最大化，阿里文学采用开放模式获取优质内容资源，百度文学依托大数据平台精准定位用户需求。[①]李育菁、张婕以SCP理论为框架分析中日IP泛娱乐发展差异：在市场结构方面，中国IP泛娱乐产业呈以BAT网络巨头于小型工作室为主的M型结构，日本以中小型企业为主；在市场行为方面，中国IP泛娱乐产业出现多元IP泛娱乐合作模式，包括全版权IP入股、共同投资出品、系列工作室、IP反向定制等，日本通过制作委员会共同运作IP的各媒体授权，分散投资风险与集中资源；在市场绩效方面，中国的IP影视改编成为热潮，日本动漫游戏改编表现突出。[②]

3. 发展困境

对于网络文学版权运营发展困境的研究，吴赟、陈思基于价值链理论视角，从被资本冲击的内容市场和版权开发疲软的内容价值链两方面进行剖析，认为存在内容平台核心创作能力低下、下游市场对IP降温，出版及游戏营收困难、版权运营空间有限、人才结构亟待升级等问题。[③]李明霞、段嘉乐从平台经济学角度出发，提出了平台"异化"的现象，对整个产业链产生影响，造成上游作者权益受损、中游平台版权运营价值泡沫化、下游市场读者审美变形。[④]单从将网络文学改

① 李阳冉．我国网络文学产业全版权运营模式探析——基于BAT的对比研究[D].开封：河南大学，2017.

② 李育菁，张婕．中日IP泛娱乐产业发展差异研究——基于SCP理论视角[J].南京航空航天大学学报（社会科学版），2020（4）：47-53.

③ 吴赟，陈思．基于价值链理论的网络文学IP版权价值开发开发困境与对策研究——以阅文集团为例[J].出版广角，2018（21）：37-38.

④ 李明霞，段嘉乐．平台经济视角下网络文学出版平台"异化"现象研究，中国编辑，2020（11）：87-88.

编为影视剧的困境来分析，吉喆认为目前存在价值评估困难、题材名称雷同、原创生产力下降、制作水平低下、市场资源运作不成熟、开发未形成健全体系等问题。①

还有一部分研究集中于版权保护方面。对于网络文学版权侵权纠纷的主要形式和特点，在网络文学内容方面，艾瑞咨询发布的《中国网络文学版权保护研究报告（2020年）》归纳总结了PC端和移动端网络文学侵权盗版的主要模式，PC端主要包括专业化盗版网站、论坛贴吧、网盘云盘、文档分享、文库等方式，移动端包括搜索引擎转码及推广、移动APP、自媒体营销、H5小程序等模式。在网络文学改编方面，艾瑞咨询的《中国网络文学版权保护研究报告（2020年）》归纳出三类网络文学改编侵权行为：未经授权许可直接对网络文学作品进行改编的侵权行为、利用网络文学作品知名度进行搭便车虚假宣传的不正当竞争行为、未经授权在相关产品中使用网络文学作品中主要人物等要素的行为。对于网络文学版权保护方面存在的问题，在网络文学内容方面，王志刚、度冉从大数据角度剖析中国版权保护存在的问题，包括智能写作软件成为抄袭"神器"、同人文写作规模化扩张成为侵权治理难题、大数据分析结果被盗版网站利用等。②洪乐为从法律与技术的角度探析在抄袭问题上，现行著作权法律存在固有的不完整和滞后性、技术适用的僵化和缺位、司法对抄袭认定态度保守等问题。③田长青、孟鑫提出存在版权保护意识薄弱、行业组织作用

① 吉喆.网络文学影视改编的现状分析[J].电影文学，2021（3）：13-15.

② 王志刚，度冉.大数据时代网络文学版权保护的新问题及其规制[J].科技与出版，2018（11）：26-28.

③ 洪乐为.网络文学版权保护中的"法律与技术"命题——基于抄袭问题的法理探析[J].中国出版，2019（9）：60-61.

发挥不显著、相关法律法规修订完善工作进展缓慢、监测防御侵权盗版技术缺位的问题。[①] 在网络文学改编方面，李华成提出，存在作者身份证明不易、作者维权能动性不足及客观能力不强，保护主体职责分工存在真空地带、网络版权保护专业人士匮乏，专门性系统性法规文件、条款缺乏，举证要求高、处罚力度轻等问题。[②] 杨萌芽、余沐芩剖析，目前存在作品名称的版权保护判定、沿用性适用范围争议大，人物角色版权保护标准模糊，情节版权问题认定复杂等问题。[③] 高婷认为网络文学 IP 改编存在的版权问题包括：网络文学 IP 改编“二次创作”原创性难以界定、未经授权的网络文学 IP 改编作品是否受法律保护存在争议、网络文学 IP 改编作品的侵权认定模糊、网络文学 IP 改编作品的损害赔偿使用方法不明确。[④]

4. 发展策略

对于网络文学版权运营的策略，吴赟、陈思提出了 IP 孵化合伙人制、升级重构运营团队、开放内容跨界合作、挖掘粉丝效应经济价值、加强版权保护、开拓布局海外市场的运营思路。[⑤] 周艳提出，网络文学平台应将周边产品市场纳入网络文学营销整体策划，构建全版权运营模式的可持续发展机制。[⑥] 陈洁、吴申伦认为，社群参

① 田常清，孟鑫．我国网络文学著作权侵权成因及对策分析 [J]. 出版与印刷，2020（1）: 57-60.

② 李华成．网络文学 IP 改编的“乱”与“治” [J]. 科技与出版，2017（3）: 87-88.

③ 杨萌芽，余沐岑．网络文学 IP 改编中的版权问题探讨 [J]. 中国编辑，2018（12）: 70-72.

④ 高婷．网络文学作品 IP 改编存在的版权问题及对策思考 [J]. 中国出版，2018（7）: 58-60.

⑤ 吴赟，陈思．基于价值链理论的网络文学 IP 版权价值开发开发困境与对策研究——以阅文集团为例 [J]. 出版广角，2018（21）: 39-40.

⑥ 周艳．全版权运营：网络文学营销的转型维度 [J]. 出版广角，2019（22）: 69-70.

与是网络文学版权构建模式与运营的新动力，并提出社群参与式的网络文学版权构建模式构想，包括内容核心概念、版权产业链主圈、用户社群外圈和参与创造的半边。并在此基础上，通过传统写作出版力量支持、前沿技术创新阅读体验、同人作品资源利用、跨媒体叙事开发策略、社群营销带动次级传播的运营实践，实现参与主体广度与参与方式深度结合。[①]曾一果、杜紫薇认为，应在"内容为王"的基础上形成 IP 产业多元主体的共同协作和产业链内外双向循环，这是网络文学 IP 可持续发展的保证。[②]

从网络文学版权保护的角度出发，在网络文学内容方面，肖海、江舒从日本动漫版权保护中得到启示，提出在著作权法律制度中增加网络服务商的传播权，政府严厉打击抄袭，判定同人小说、洗稿作品为侵权作品，严格网络服务提供商侵权责任的策略。[③]艾瑞咨询的《中国网络文学版权保护研究报告（2020 年）》提出，在政府层面，完善法律体系，健全网络文学的法治环境，对打击侵权盗版高压执法，开展知识产权普法教育；在企业层面，建立日常监测投诉机制，加强民事诉讼维权；在行业层面，分享打击盗版侵权经历，召开版权交流会议，成立版权保护组织。在网络文学改编方面，李华成认为，应增强权利主体维权的主观意识和客观能力，构建适宜的网络文学非法改编保护机制，推行网络文学版权转让示范合同。[④]杨萌芽、余沐芩认为，应在司法层面构筑网络文学 IP 改编版权保

① 陈洁，吴申伦．社群参与式的网络文学版权构建模式构想与运营实践 [J]. 出版发行研究，2019（10）: 53-58.

② 曾一果，杜紫薇．数字媒介时代网络文学 IP 改编的再思考 [J]. 中国编辑，2021（6）: 75-78.

③ 肖海，江舒．日本动漫版权保护对中国网络文学版权保护的启示 [J]. 大庆师范学院学报，2020（2）: 64-66.

④ 李华成．网络文学 IP 改编的"乱"与"治" [J]. 科技与出版，2017（3）: 89.

护的多元救济格局，在意识层面营造合法改编氛围，在体系层面健全版权所有者、版权范围及期限等在内的数字版权保护指标体系。① 高婷提出，应采用“两分法”标准确定“二次创作”作品版权保护问题，从法律上确定未经授权网络文学版权改编作品受到保护，在侵权认定上依据多种方法综合考量，在侵权救济上采用“许可费推定”的损害赔偿计算方法，树立网络文学合法改编新观念。② 许洁建议，IP 运营方在改编网络文学时，应细化授权合同，对改编边界、介入程度深浅等进行设定，并且在改编前查证网络文学的原创性，避免改编陷入侵权争议。③

纵观国内对于网络文学版权运营的研究成果，这些集中于某一维度的研究是本书重要的文献支撑，但对于网络文学平台版权运营系统性、整体性的研究成果尚不充分，这为本书进一步深入研究留有了一定的空间和余地。

三

网络文学版权运营研究涉及多个学术领域，目前可供参考、与学术理论结合的研究成果较少，这是本书研究面临的难点。那么，如何界定“网络文学”“版权运营”的概念、阐释“网络文学平台版权运营”所涉及的理论，构建本书的理论框架，就成为本书首要解决的问题。

---

① 杨萌芽，余沐岑 . 网络文学 IP 改编中的版权问题探讨 [J]. 中国编辑，2018（12）: 72-73.

② 高婷 . 网络文学作品 IP 改编存在的版权问题及对策思考 [J]. 中国出版，2018（7）: 60-61.

③ 许洁 . 网络文学 IP 改编版权侵权现象探析 [J], 中国广播，2020（2）: 65.

（一）基本概念界说

1. 网络文学

纵观早期对网络文学的定义，第一种对网络文学持否定态度，持此种观点的人认为，不能用媒介界定文学属性，不能将网络中的作品称之为“文学”，只能说它是网络写作。李洁非提出，主张撇开“文学”一词来谈网络写作，网络写作根本不是为了“文学”目的而生的。① 李敬泽认为，文学产生于心灵而非网络，所谓的网络文学不过是网络在一种惊人的自我陶醉幻觉中被当作了心灵的内容和形式。② 第二种从传播媒介“网络”的角度出发来定义，认为网络文学是以互联网为传播载体的文学，与传统文学在内容和形式上没有不同。王汶成认为，网络文学的实质就在于它是一种以网络为传播手段的文学，网络文学与传统文学的根本区别就在于它刷新和改进了文学的传播模式，由纸质传播转换为网络传播。③ 陈村认为，文学不能区分网络文学和传统文学，就像我们不能区分报纸文学和杂志文学一样。④ 第三种从传播内容“文学”角度来定义，认为网络文学的内容是网恋、网侠、网络奇遇及一切与网络相关的事务，星伴网站主编咪咪美眉认为，网络文学必须是描写网络生活内容而且首先发表在网络上的文学。⑤ 并且，网络文学的内容具有自由性、互动性、大众化、娱乐性、开放性的特征。网易在举办首届网络文学大赛时对网络文学的描述为：“网络文学

① 李洁非 . Free 与网络写作 [N]. 文学报 , 2000-04-20.

② 李敬泽 . “网络文学”：要点和疑点 [N]. 文学报 , 2000-04-20.

③ 王汶成 . 文学与网络传播 [N]. 文艺报 , 2000-10-31.

④ 赵晨钰 , 江舒远 . 网络文学：新文明的号角 , 还是新瓶装旧酒？ [N]. 中华读书报 , 1999-12-02.

⑤ 许苗苗 , 徐文郁 . 网络文学的定义 [J]. 北京市政法管理干部学院学报 , 2002（1）: 56.

是一种游历于网络之间的个体生命对于理想网络的渴望，不光具有感性，又具有人道主义 的精神追求。自由、理解、宽容、共享是网络文学得以存在的土壤和内在精神。”①

前三种关于网络文学的定义均过于片面，王一川、李寻欢等人在定义时兼顾了“网络”和“文学”两方面。王一川定义网络文学为“以国际互联网为媒介进行的人与人之间的双向文学传播活动”。②网络作家李寻欢认为，“网络文学就是网人在网络上发表的供人阅读的文学”。③

随着对网络文学研究的逐渐成熟，欧阳友权给了网络文学一个广义的解释，认为网络文学是网民在电脑上创作，通过互联网发表，供其他网民欣赏或参与的新型文学样式，它是伴随现代计算机特别是数字化网络技术发展而来的一种新的文学形态。这个定义包含了几层意思：第一，网络文学是借助计算机网络形成的一种新的文学形态，必须是借助电脑完成的原创之作；第二，网络文学应该是在互联网上首次发表，“印刷文学电子化”不能算是网络文学；第三，网络文学应该是为网络受众即广大网民创作的，供网民浏览、欣赏或互动。④

网络文学与传统文学的区别在于：第一，从媒介载体来看，传统文学的传播载体是物质性的纸质印刷媒介，如文学书籍和报刊等，网络文学的传播载体是基于数码传输技术的互联网。由于媒介特性不同，网络文学的传播过程省去了出版商、印刷厂、经销商、零售商等

① 欧阳友权 . 网络文学概论 [M]. 北京：北京大学出版社 , 2008 : 3-4.

② 王一川 . 网络时代文学：什么是不能少的？ [J]. 大家 , 2000（3）: 200-202.

③ 李寻欢 . 我的网络文学观 [N]. 网络报 · 大众版 , 2000-02-21.

④ 欧阳友权 . 网络文学概论 [M]. 北京：北京大学出版社 , 2008 : 4.

环节，所以价格低廉、传播速度快，相对于传统文学有较大优势。第二，从内容来看，网络文学相较于传统文学，不拘泥于固定模式，具有开放性、自由性、互动性、娱乐性、大众化的特点。第三，从创作主体来看，网络文学的作者不是传统意义上的专业作家，而多出自于网民，创作主体具有平民性、自由性的特征。第四，从受众来看，用户无法参与传统文学的创作过程，而网络文学在创作过程中就发布在网络文学平台上，用户可以给予反馈并影响内容的创作走向，互动性强。结合三、四点综合来看，网络文学平台的双边市场分别是丰富的内容创意源头与广大的用户市场，这样多元化的供给与规模化的需求是传统出版业所不具备的。

2. 版权运营

版权亦称著作权，根据《中华人民共和国著作权法》第三次修正案的规定，著作权人是作者、其他依照本法享有著作权的自然人、法人或其他非法人组织，著作权包括发表权、署名权、修改权、复制权、发行权、出租权、信息网络传播权、改编权等十七项人身权与财产权。网络文学版权隶属于数字版权，是作者对网络文学作品享有著作权、出版和发行、开发、改编的权利，并能从中获得盈利。

运营是以产品为价值基点，吸引、激发、维系、服务用户，以实现用户和产品价值最大化的所有行为过程及驱动行为过程所需要的智慧性思维理念和策略方法的综合网。通俗地讲，就是不断促使用户和产品地关系由陌生到知晓、理解，再到使用以至友好共生的过程。①

---

① 苏海海 . 互联网产品运营教程 [M]. 北京：中国铁道出版社 , 2018 : 8.

关于版权运营的定义，白冰认为，版权运营被认为是一种利用产业运营中相关理论、方法和操作手段，把版权作为经营对象，进行带有商业性质、以获取经济利润为目的的商业行为或非商业运作的非营利性行为。可整合出版与其他文化产业资源的协同应用，实现各种资源优势互补，带来社会效益与经济收益。[①] 中国互联网信息中心的《中国网络文学用户调研报告》中定义了网络文学版权运营，即通过信息网络，开展网络文学版权生产、分销、转让的经营行为，包括网络文学版权生产、网络文学收费阅读、网络文学实体出版、网络文学无线出版以及网络文学改编网络游戏、电影、电视剧等，主要运作群体是版权增值服务商。范周认为，网络文学版权运营是以创作优秀网络文学作品聚集人气，通过互联网运营手段使作品内容的精神内核不断强化形成“粉丝效应”，在此基础上再将原作品改编成电影、电视剧、游戏、戏剧、周边产品，实现原作品商业价值最大化的过程。网络文学版权运营会产生经济价值和社会价值。[②]

（二）相关理论阐释

本书对网络文学平台版权运营的研究过程中，主要运用到规模经济理论、范围经济理论、平台经济理论、差异化战略理论等。

网络文学本身具有传媒经济学特征，吉莉安·道尔（Gillan Doyle）提出了传媒的两种经济学特征：第一，传媒公司常常同时分

① 白冰 . 出版专业案例教程 [M]. 成都：四川人民出版社 , 2018 : 203-204.

② 范周 . 网络文学批评 [M]. 北京：知识产权出版社 , 2019 : 188.

别在两个截然不同的市场销售它们的商品，并创造了两种商品，即内容和受众，受众是第二种有价值的产品，可以被销售给广告客户。第二，传媒是公共产品，传媒内容不会在消费过程中被耗尽或毁坏，具有高初始生产成本和低复制成本的特征。[①]网络文学产业在网络文学内容产品市场和广告市场的“双重市场”中运营。网络文学内容属于公共产品，不会因为阅读就被消耗掉，一个人从中收获内容意义的同时，并不影响其他用户阅读的机会，相同的媒介内容可以供用户一再使用，并且额外供应给其他网络文学用户的边际成本几乎为零，所以用户越多，获得的利润也就越大。网络文学平台将网络文学用户的时间卖给了广告商，由此产生了广告市场，这是最初维持网络文学平台运营的关键经济支撑力量。

1. 规模经济理论

吉莉安·道尔（Gillan Doyle）认为，规模经济存在于任何边际成本低于平均成本的产业中，即每多生产一个单位产品的成本会随着生产规模的扩大而降低，引起经济效益增加，就出现了规模经济。传媒产品具有公共商品属性，规模经济存在于传媒业中，产品的边际成本比平均成本低，所以随着产品消费规模的扩大可使平均生产成本降低，就能实现规模经济和更高利润。[②]安澜·B. 艾尔布兰（Alan B. Albarran）认为，具有高固定成本的产业，如报纸和有线电视产业，往往有较高的市场集中度。规模经济通常存在于这样的生产销售商之

① 吉莉安·道尔. 理解传媒经济学 [M]. 李颖，译. 北京：清华大学出版社，2004：9-10.

② 吉莉安·道尔. 理解传媒经济学 [M]. 李颖，译. 北京：清华大学出版社，2004：10-11.

中，通过规模经济，每多生产一件产品的平均成本将会下降。[①]

国内的一些学者也对规模经济有所研究，赵曙光、史雨鹏指出，如果媒介能够以低于加倍的成本来获得加倍的信息产品，就存在规模经济。反之，如果加倍成本仅获得低于加倍的信息产品，则存在规模不经济。[②] 余丽丽、吴飞提出，规模经济与专业化有关，因专业化而形成规模报酬递增。规模经济是传媒产业的一个普遍特征，主要体现在生产和经营两个环节：在生产环节，规模经济体现在生产成本降低、内部各运作环节专业化水平提高、各运作环节熟练程度增加等方面；在经营环节，规模经济体现在产出量的扩大会降低采购成本、降低销售成本、降低融资成本、降低管理成本、使技术开发具有规模效应等方面。但规模经济并非规模越大越“经济”，只有最佳规模才能使企业的规模收益最大化。[③]

媒介企业热衷于“变大”规模，报业、广播、电台、电视台等媒介产业会比其他产业有更多的企业并购、集团化的机会。网络文学平台在自身的发展历程中，不断扩大自身规模，从论坛式网络文学平台到专业化网络文学平台、再到集团式网络文学平台，实现了“规模经济”。

2. 范围经济理论

吉莉安·道尔（Gillan Doyle）认为，范围经济通过分摊日常开支或者增加其他效能，使共同生产和销售两种或更多相关产品比分别

---

① 安澜·B. 艾尔布兰 . 传媒经济学：市场、产业与观念 [M]. 陈鹏，译 . 北京：中国传媒大学出版社，2009 : 31.

② 赵曙光，史宇鹏 . 媒介经济学：一个急速变革行业的原理和实践 [M]. 长沙：湖南人民出版社，2003 : 88.

③ 余丽丽，吴飞 . 大众传媒经济学：理论与实务 [M]. 上海：上海交通大学出版社，2008 : 29-30.

生产和销售这些产品更划算，就出现了范围经济。范围经济在传媒业中很普遍，传媒产品为某个市场创造价值后再改变其形式，通过另一市场销售。① 柯林·霍斯金斯（Colin Hoskins）在分析新媒体时认为，如果同一厂商生产两种（或更多）产品的总成本低于两个（或更多）不相关厂商分别进行生产，那么就存在范围经济。②

国内学者也对范围经济展开了研究，赵曙光、史雨鹏指出，现代媒介集团生产、传播多样的信息产品，既出版报纸、期刊，也拥有广播、电视、电影、互联网等电子媒介和数字媒介。对于跨媒介集团来说，如果一个媒介生产、传播两种或更多种类信息产品的成本低于由不同媒介分别生产、传播这些信息产品的成本之和，则表示存在范围经济。③ 余丽丽和吴飞认为，范围经济与多样化有关，因多样化而使得每个品种的成本低于仅仅生产一个品种的成本。范围经济的好处在于：多元化，降低成本，可将成本分担于不同媒介及产品上；交叉化，从不同渠道获得收入，所有收入都基于同样的创意，对产品进行交叉开发与交叉推广，从不同媒介对一个概念进行开发和包装，或利用不同媒介交叉推广一个概念；品牌化，生产一种媒介产品的所有知识可以应用到生产相关产品上。通过真正的产品属性或形象创造，将一个产品与其他产品区别开来；或保持高强度营销战略，突出品牌名称；或在不同产品上重复品牌形象和讯息。④

网络文学平台在不断扩大规模的同时，也在不断扩大经营范围，

① 吉莉安·道尔．理解传媒经济学 [M]. 李颖，译．北京：清华大学出版社，2004 : 11.

② 柯林·霍斯金斯．媒介经济学：经济学在新媒介与传统媒介中的应用 [M]. 支庭荣，吴非，译．广州：暨南大学出版社，2005 : 75.

③ 赵曙光，史宇鹏．媒介经济学：一个急速变革行业的原理和实践 [M]. 长沙：湖南人民出版社，2003 : 94.

④ 余丽丽，吴飞．大众传媒经济学：理论与实务 [M]. 上海：上海交通大学出版社，2008 : 29-31.

从仅作为阅读平台到进行版权运营，将一个网络文学版权开发为影视剧、游戏、动漫、有声阅读等多种媒介产品，适用于不同的媒介受众群，使版权在各个媒介领域中盈利，以期实现网络文学版权价值最大化，这种版权运营模式的变迁实现了“范围经济”效应。

3. 平台经济理论

网络文学平台属于平台企业，会运用到“平台经济”理论。平台经济理论是在21世纪之后产生的，研究平台之间的竞争与垄断情况，强调市场结构的作用，通过交易成本和合约理论，分析不同类型平台的发展模式与竞争机制，并提出相应政策建议的新经济学科。平台经济学以契约理论、网络外部性理论、双边市场理论、博弈论等为理论基础。[①] 本书主要阐释网络外部性理论和双边市场理论。

（1）网络外部性理论

网络外部性理论最早由杰弗里·罗尔夫斯（Jeffrey Rohlfs）于1974年提出，迈克尔·卡茨（Michael Kats）和卡尔·夏皮罗（Carl Shapiro）在1985年、1986年先后对该理论进行了较为正式的定义：当消费同样产品的其他使用者的人数增加时，某一使用者消费该产品所获得的效用增量。网络外部性实质上是网络规模扩大过程中的一种规模经济，与产生于供给方面的传统规模经济不同的是，这种规模经济产生于市场的需求方面，因此网络外部性也被称为需求方规模经济。[②] 他们将网络外部性分为两种类型，直接网络外部性和间接网络外部性，直接网络外部性是指某个产品或服务的价值随着消费该产品

① 徐晋．平台经济学——平台竞争的理论与实践[M]，上海：上海交通大学出版社，2007：1.

② 徐晋．平台经济学——平台竞争的理论与实践[M]，上海：上海交通大学出版社，2007：49-50.

或服务的消费者数量的增加而增加。间接网络外部性是指由基础产品或辅助产品之间技术上的互补性或兼容性所形成的某种虚拟网络而非物理网络而实现的外部性效应。①

网络外部性又被称为网络效应，刘川提出，网络效应并不完全等同于网络外部性，只有当市场参与者不能把网络效应内在化，即网络效应不能通过价格机制进入收益或成本函数时，网络效应才能被称为网络外部性。刘川将网络效应划分为四类：根据网络效应的作用方式不同，将网络效应分为直接网络效应和间接网络效应。直接网络效应，是指同一市场内消费者之间的相互依赖性，即使用同一产品的消费者可以直接增加其他消费者的效应。间接网络效应，是指同一市场内消费者消费产品的互补性，即使用互补产品的消费者可以间接增加其他消费者的效应。根据网络效应的边际来源不同，可将网络效应分为同边网络效应和跨边网络效应。同边网络效应，是指某一边市场群体用户规模增长时，将影响同一边群体内其他使用者所得到的效用。跨边网络效应，是指一边用户规模增长将影响另外一边群体使用该平台所得到的效用。②

对于网络文学平台来说，最重要的就是扩大用户规模，用户数量的多少可决定平台的价值，在平台用户突破临界数量后，网络效应急剧扩大，就会吸引更多用户加入平台。从边际来源角度来说，网络文学平台的用户越多，就越能增加网络文学的价值，从而增加其他用户的阅读价值，这就是同边网络效应；网络文学用户的数量越多，就越

① 程贵孙 . 互联网平台竞争定价与反垄断规制研究 , 基于双边市场理论的视角 [M]. 上海：上海财经大学出版社 , 2016 : 16.

② 刘川 . 网络效应 [M]. 北京：新华出版社 , 2017 : 27-28.

能吸引网络文学作者加入平台，更能丰富网络文学平台的内容，这就是跨边网络效应。

（2）双边市场理论

双边市场理论形成的主要标志是2004年由法国产业经济研究所和政策研究中心联合主办的“双边市场经济学”会议，其中让·夏尔·罗歇和让·梯若尔（Jean-Charles Rochet& Jean Tirole）、马克·阿姆斯特朗（Mark Armstrong）、伯纳德·卡约和布鲁诺·朱力安（Bernard Caillaud&Bruno Jullien）作出了开创性工作。[①] 对于双边市场的定义，学术界还没有达成统一的认识，程贵孙梳理了三种双边市场的定义：第一种是以让·夏尔·罗歇和让·梯若尔（Jean-Charles Rochet& Jean Tirole）为代表的“价格结构论”，当平台向双边用户制定的价格总水平保持不变时，在价格结构（或价格分配）上的任何改变都将影响双边用户对平台的需求和参与平台的程度，并将进一步影响平台实现的交易总量。第二种是以让·夏尔·罗歇和让·梯若尔（Jean-Charles Rochet& Jean Tirole）为代表的“网络外部性论”，双边市场涉及两组不同的代理商，每一组都从与另外一组代理商的相互交易或交互中获得价值或效用，这样的市场中，平台允许双边影响他们所获得的交叉组外部性。第三种是以罗伯托·罗森（Roberto Roson）为代表的“市场环境论”，将双边市场界定为是一种市场环境或经济环境，其中商品或服务被销售给两组不同用户，且每组用户的利润都随着另一组用户的数量增加而增加，而销售产品或服务的平台企业与两组用户共同构成市场环境或经济环境，平台需制

① 徐晋. 平台经济学——平台竞争的理论与实践 [M], 上海：上海交通大学出版社 , 2007 : 8.

定不同价格以便将双边用户都拉拢到平台上来。[①] 我国学者陈宏民、胥利对传媒产业的双边市场特征进行了描述：传媒产业是个典型的具有双边市场特征的产业，媒体企业作为平台厂商，通过媒体平台向消费者和广告商，以及内容提供商提供“联合性”的“产品”。传媒平台的多边市场由媒体企业与消费者构成的一边市场、媒体企业与广告商构成的一边市场、媒体企业与专业化内容提供商构成的一边市场组成。在“多边市场”结构的媒体平台上，存在着内容商与消费者、广告商与消费者、内容商与广告商三种相互作用。[②]

在网络文学平台的多边市场中，一边是网络文学作者，一边是广告商，一边是网络文学用户，也就是网络文学读者。网络文学作者、广告商、网络文学用户之间相互作用：网络文学作者与网络文学用户之间相互作用，网络文学作者提供的内容越丰富，网络文学用户越愿意到该平台阅读，用户越多，作者获得的价值就越大，也就越愿意到该平台提供内容；网络文学用户与广告商之间相互作用，广告量的多少对广告偏好型、广告无差异型、广告厌恶型用户产生不同的效应，这会影响到使用网络文学平台的用户数量，网络文学用户数量越多，那么广告商就越愿意到该平台投放广告；网络文学作者与广告商之间相互作用，网络文学作者提供的内容越优质丰富，就会吸引更多的用户，从而吸引广告商，而广告量的多少又会对媒体内容的质量和多样性产生影响。本书接下来只研究网络文学平台的双边市场，即由网络文学作者构成的一边市场，以及网络文学用户构成的一边市场。

---

① 程贵孙．互联网平台竞争定价与反垄断规制研究，基于双边市场理论的视角 [M]. 上海：上海财经大学出版社，2016：22-23.

② 陈宏民，胥莉．双边市场：企业竞争环境的新视角 [M]. 上海：上海人民出版社，2007：159-160.

（3）平台竞争策略

平台企业竞争的关键问题在于如何吸引足够多的用户参与平台，双边市场的用户数量是双边市场存在的根本，也是平台赖以生存的前提条件。平台企业吸引双边用户的最核心竞争策略就是价格策略。陈威如认为，双边市场赋予了平台企业在定价方面的弹性，平台可以选择补贴某一边群体，催化一边用户数量的增长，进而吸引另一边用户支付更多的费用。当平台企业为一边市场提供费用上的补贴，来吸引该边用户群体进驻平台，那么这个用户群体就是“被补贴方”。若平台另一边的群体带来收入，支撑平台的运营，就将它称为“付费方”。影响平台价格策略的主要因素有：需求价格弹性①、用户的多属行为、边际成本②、同边网络效应等。③由于网络文学的边际成本低，网络文学用户的需求价格弹性高，所以网络文学平台将网络文学用户定义为“被补贴方”。在网络文学平台发展初期，阅读是免费的，在起点中文网开启付费阅读十余年之后，现在的网络文学平台又开始使用免费策略吸引用户，这秉承了平台企业一贯的竞争策略。

陈威如提出，平台的竞争还体现在“赢者通吃”④、核心定位、平台延展性等方面。第一，若想实现“赢者通吃”，需要具备高度的跨边网络效应、高度的同边网络效应和高度的转换成本。第二，平台企

① 需求价格弹性是指需求量对价格的弹性，某一产品价格变动时，该种产品需求量相应变动的灵敏度。

② 边际成本是指在一定产量水平下，增加或减少一个单位产量所引起成本总额的变动数，用以判断增减产量在经济上是否合算。

③ 陈威如．平台革命 [M]. 北京：中信出版社，2014：69-74.

④ “赢者通吃”是指市场竞争的最后胜利者获得所有或绝大部分的市场份额，而失败者往往被淘汰出市场而无法生存。市场的第一名与第二名之间有相当大的差距，通常市场领先者会拥有四至六成，甚至更多的占有率。

业面临着广度和深度的竞争，竞争存在于高同质性盈利模式相同的竞争平台、高同质性盈利模式不同的平台、业务领域相对广泛的竞争平台、业务领域相对分众化的平台。平台生态圈清晰的定位可为平台竞争带来特定优势，利用历史、人文、地理、种族等形成的独特“天然屏障”，界定出目标市场的范围，可发掘尚未被竞争者察觉的隐性断层带，找到相应的业务领域，开发出具有差异化的市场。第三，确保平台的延展性，设置具有弹性与延展性的机制体系，才能保证用户数量不断增长，决定最终能否成为“赢者通吃”的霸主。①程贵孙认为，除了“非对称性”的倾斜定价策略，平台企业还提出了三种竞争策略：第一种是“分而治之”的用户培育策略，即通过实施免费接入或补贴接入、降低用户进入成本、提高用户转换成本等方式吸引一边用户，当该边用户数量达到一定程度，即最低临界规模之后，该边用户带来的网络效应将会吸引另一边用户进驻平台，另一边用户就会愿意付费购买网络平台的服务。第二种是“赢者通吃”的市场占有策略，形成这种现象的因素包括多平台接入成本和网络平台的产品差异化程度。一方面，消费者接入多个平台所耗费的成本会成倍增加，当成本的增加超过多平台接入所获得的额外收益时，消费者则只会接入到一个平台上来，此时这个平台就有可能独占消费者市场；另一方面，当消费者不同的需求及其消费模式还将在相当长的时间内存在时，弱势平台的决策者就应关注消费者这类需求的变化和特征，提供差异化的产品或服务，以便从在位的强势平台市场份额中获取一定的市场空间，从而避免在位的强势平台垄断整个市场，实现“赢者通吃”。第三种是

① 陈威如 . 平台革命 [M]. 北京：中信出版社 , 2014 : 222-273.

平台包络的跨界经营策略，使得网络通过添加功能来进入其他网络所在的产业市场，从而拥有比其他网络更多的功能组合，达到逐步驱逐竞争对手的目的。[①] 中国网络文学平台的未来发展，除了在价格领域的竞争外，还应该综合以上竞争策略，例如依靠平台独特的“天然屏障”进行市场定位，提供差异化的产品或服务等，将竞争拓展到更为广阔的领域。

4. 差异化战略理论

迈克尔·波特（Michael Portol）在 20 世纪 80 年代提出了差异化战略理论，在《竞争战略》一书中提出了五种竞争力量：行业现有的竞争状况、供应商的议价能力、客户的议价能力、替代产品或服务的威胁、新进入者的威胁。并提出三种通用战略来应对五大竞争力：总成本领先战略、差异化战略、目标集中战略。其中的差异化战略是指企业提供被全行业认可的独特的产品或者服务。实现这种战略可以有多种方式，包括独特的设计或者产品形象、技术实力、独特的功能、客户服务、经销商渠道等。在理想状态下，企业可以通过多个方面实现差异化。差异化战略的实施可提升消费者对企业的品牌忠诚度，他们的价格敏感度也较低，并且差异化战略还能为企业创造利润，使企业无需具有低成本竞争优势。但实施差异化战略并不代表企业就能忽略成本，只是总成本领先并不是主要战略目标，并且可能会阻碍企业获得较高的市场份额，因为差异化战略要求人们意识到企业生产某类

① 程贵孙 . 互联网平台竞争定价与反垄断规制研究 基于双边市场理论的视角 [M]. 上海：上海财经大学出版社 , 2016 : 45-55.

产品或者提供某类服务的独特性，这与较高的市场份额本身就相悖。①

本书认为，平台企业比传统企业更需要差异化战略，差异化战略是平台企业得以可持续发展的关键：由于互联网产品边际成本低，平台擅于使用免费策略吸引用户，若没有差异化战略，就会陷入“伯川德悖论”中，导致平台的利益损耗，只有真正实现内容和服务的差异化，打造平台产品不可替代性，价格才不会成为用户唯一考虑的因素。

本书通过规模经济和范围经济理论解释了网络文学的发展历程，又结合平台竞争策略、差异化战略理论，探索中国网络文学平台版权运营的未来发展趋势。由此，本书提出了网络文学平台版权运营的差异化战略理论框架，即通过平台内容差异化、版权运营品牌化、提高平台转换成本等策略，提高网络文学平台的竞争力，如图导-1 所示：

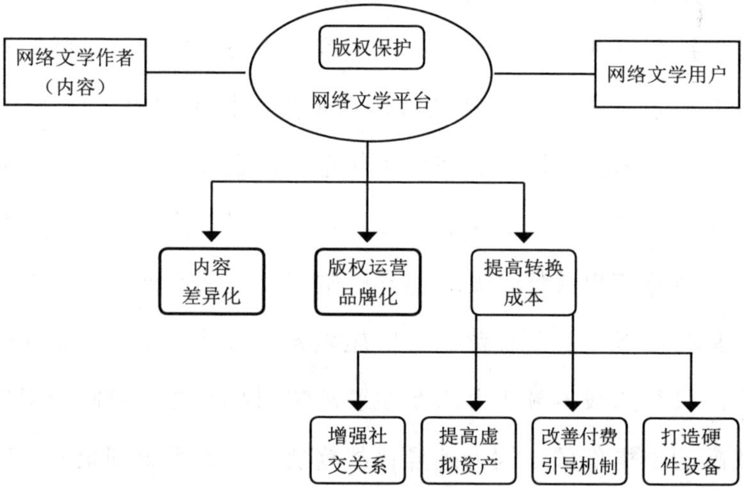

图 导-1　网络文学平台版权运营的差异化战略理论框架

① 迈克尔·波特．竞争战略 [M]. 陈丽芳，译，北京：中信出版社，2014：5、32.

四

本书对中国网络文学平台的版权运营进行研究：系统梳理网络文学平台及版权运营的发展历程和现状，全面分析现阶段网络文学平台的版权运营模式，深度探讨中国网络文学产业的现阶段发展困境，为网络文学市场的未来发展提供路径思考。基于本书的整体定位，综合考虑网络文学平台版权运营的各方面因素，将采用以下三种研究方法：

（一）案例分析法

案例分析法是对单个研究对象进行具体而系统的一种实证研究法，通过收集历史数据、文献材料等，对个人、个别群体、个别事件、个别情景、个别组织的发展过程、现状特征等做分析、讨论、归纳，揭示其中蕴含的规律，用典型案例佐证论点，作出普遍性研究结论。本书的理论基础是规模经济理论、范围经济理论、平台经济理论、差异化战略理论，通过使用大量的案例，归纳总结中国网络文学平台的发展历程和版权运营模式的变迁，并验证了规模经济效应和范围经济效应的实现过程。在研究中国网络文学平台版权运营现状时，通过大量的案例分析，归纳总结出中国网络文学平台在版权运营的前期、中期、后期遵循的模式。在研究中国网络文学平台版权运营未来发展时，也使用了大量的案例来证明平台差异化竞争的可行性。

（二）深度访谈法

“访谈”就是研究者“寻访”“访问”被研究者并且与其进行“交谈”和“询问”的一种活动。“访谈”是一种研究性交谈，是研究者通过口头谈话的方式从被研究者那里收集（或者说“建构”）第一手资料的一种研究方法。① 本书分别就网络文学平台的发展和现状、网络文学版权运营的方式、目前遇到的问题以及未来发展方向等，与阅文集团版权运营部、华谊兄弟品牌管理有限公司等业内人士进行了深度访谈。此外，还对网络文学平台的用户和作者进行了深度访谈：网络文学用户涵盖了不同年龄、不同地区、不同职业的用户人群，通过访谈了解网络文学用户群体对网络文学阅读、平台服务及版权运营方面的主观倾向；网络文学作者均为阅文集团的签约作者，等级从一星至五星均有涉及，根据访谈了解网络文学作者的写作行为、平台行为、以及作者对于网络文学平台版权运营时的主观倾向。

（三）对比研究法

对比研究法是将整理的资料、数据划分类别后，以一定的指标进行对比，深入了解研究对象的基本特征，揭示研究对象的差异和内在联系的一种分析方法。本书在网络文学平台及版权运营的发展历程、网络文学平台的发展现状、网络文学平台版权运营策略等部分运用了对比研究。在网络文学平台及版权运营的发展历程部分，通过对比每

① 陈向明 . 质的研究方法 [M]. 北京：教育科学出版社 , 2000 : 165.

一发展阶段网络文学平台的内容资源、阅读渠道、运营能力、收入等，分析每一个网络文学平台的运营优势与劣势，在对比中印证发展规律。在网络文学平台的发展现状部分，BAT 网络文学平台呈现“三足鼎立”的市场格局，通过对比研究，分析 BAT 网络文学平台的核心竞争力：阅文集团依托社交媒体实现渠道传播最大化，阿里文学依托阿里巴巴电商获取大数据和衍生变现，百度文学依托搜索引擎定位用户需求。在网络文学平台版权运营策略部分，在内容方面，通过对比 BAT 网络文学平台的内容资源，阐释在“免费策略”的市场环境下，只有做到“人无我有”的内容差异化优势，才能在市场中立足；在版权运营方面，通过对比 BAT 网络文学平台的核心优势，剖析并规划 BAT 网络文学平台的运营重点及定位。

五

本书主要是沿着梳理历史、分析现状、发现问题、解决问题的逻辑思路进行研究的。

首先梳理了中国网络文学平台及版权运营的发展历程，经历了萌芽期、探索期、发展期三个阶段。在萌芽期，从论坛式网络文学平台发展到专业化网络文学平台，版权运营模式为“付费阅读＋广告”。在探索期，盛大文学经历了“一家独大”、与互联网巨头“争霸”的过程，采用“付费阅读＋版权供给”的版权运营模式，即在付费阅读盈利模式的基础上，拓展文学领域产业链，并且将版权改编权出售给其他公司。在发展期，BAT“三足鼎立”，阅文集团依托腾讯社交平台、阿里文学依托阿里电商数据、百度文学依托搜索引擎，开拓网络文学市场，采用“付费阅读+全版权运营”的版权运营模式，不再局限于内容层面的生产和传播，而是多元化经营，以网络文学版权为核心进行全版权运营，将网络文学开发为影视剧、游戏、动漫、有声阅读等不同形式的媒介产品，打破了网络文学的盈利瓶颈，获得可持续性增值效益。

在网络文学平台的双边市场中，一边是网络文学作者，另一边是网络文学用户。本书将一边定义为由网络文学作者生产的内容，以及由网络文学版权改编的媒介产品，即供给侧；将另一边定义为网络文学用户，也就是网络文学读者，即需求侧。网络文学平台的供给侧在范围经济的作用下，将一个内容多元化经营，开发成不同的媒介产品后提供给用户，包括影视剧、游戏、动漫、实体书、有声阅读等；在网络文学平台的需求侧，用户有多元化的需求，需要不同的媒介产品来满足不同的阅读、娱乐场景需求。为了实现供需两侧的高度匹配，网络文学平台需要在版权运营时遵循前期整体规划、中期全程运营、后期粉丝转化的运营模式。

目前，中国网络文学平台存在供给侧内容同质化、可替代性强，需求侧用户需求价格弹性大、用户付费意识淡薄的问题，当一些网络文学平台运用“免费策略”激发网络效应时，网络文学产业就会陷入“伯川德悖论”。

根据目前中国网络文学平台版权运营存在的问题，最好的解决方式就是实现网络文学平台上内容题材、版权运营及平台服务的差异化：在内容上做到“人无我有”“人有我优”；在版权运营方面，针对原创内容或某一类型的网络文学进行品牌化运营；在平台服务方面，通过增强平台与用户、作者与用户、用户与用户之间的社交关系，提高用户在平台的虚拟资产、改善付费引导机制、打造硬件设备等方式，加大用户离开平台的转换成本，增强平台的用户黏性。与此同时，还要优化网络文学用户，提高中国用户的版权意识，增加付费用户，并且开拓海外用户市场，最大限度地拓展市场。在政策方面，加强中国网络文学版权保护。以上几点是中国网络文学平台版权运营的未来发展方向。

本书的基本思路如图导-2所示：

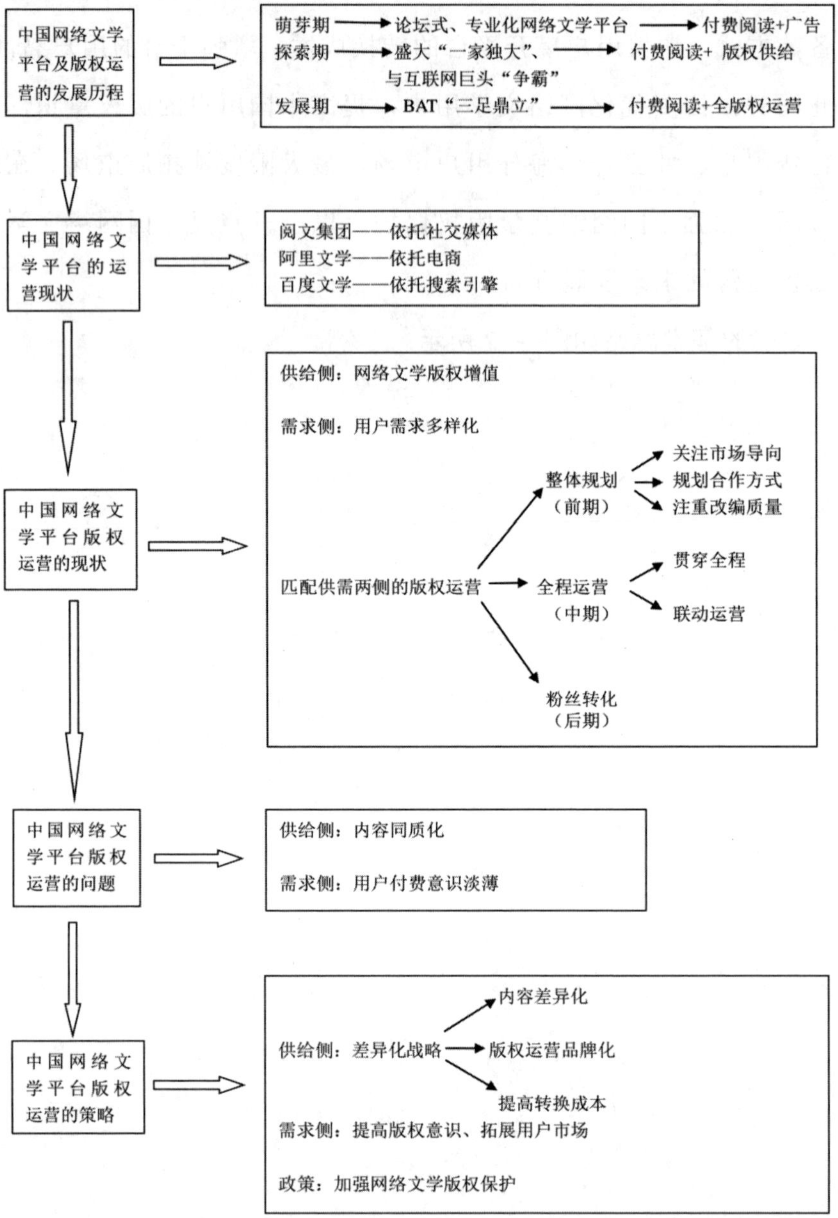
中国网络文学平台及版权运营的发展历程
萌芽期
论坛式、专业化网络文学平台
付费阅读+广告
探索期
盛大“一家独大”、与互联网巨头“争霸”
付费阅读+ 版权供给
发展期
BAT“三足鼎立”
付费阅读+全版权运营
中国网络文学平台的运营现状
阅文集团——依托社交媒体
阿里文学——依托电商
百度文学——依托搜索引擎
中国网络文学平台版权运营的现状
供给侧：网络文学版权增值
需求侧：用户需求多样化
匹配供需两侧的版权运营
整体规划（前期）
关注市场导向
规划合作方式
注重改编质量
全程运营（中期）
贯穿全程
联动运营
粉丝转化（后期）
中国网络文学平台版权运营的问题
供给侧：内容同质化
需求侧：用户付费意识淡薄
中国网络文学平台版权运营的策略
供给侧：差异化战略
内容差异化
版权运营品牌化
提高转换成本
需求侧：提高版权意识、拓展用户市场
政策：加强网络文学版权保护

图 导-2　研究框架

第一章

中国网络文学平台及版权运营的发展历程

本章摘要

中国网络文学平台及版权运营的发展历程经历了萌芽期、探索期、发展期三个阶段。在萌芽期，从论坛式网络文学平台发展到专业化网络文学平台，版权运营模式为“付费阅读+广告”。在探索期，盛大文学经历了“一家独大”、与互联网巨头“争霸”的过程，采用“付费阅读+版权供给”的版权运营模式，即在付费阅读盈利模式的基础上，拓展文学领域的产业链，并且将版权改编权出售给其他公司。在发展期，BAT“三足鼎立”，采用“付费阅读+全版权运营”的版权运营模式，网络文学平台不仅局限于内容层面的生产和传播，而是多元化经营，以网络文学版权为核心进行全版权运营，将网络文学开发为影视剧、游戏、动漫、有声阅读等不同形式的媒介产品，打破了网络文学的盈利瓶颈，获得可持续性增值效益。

网络文学平台的发展实现了规模经济效应，版权运营模式的变迁实现了范围经济效应，不断扩大规模的同时，也在不断扩大自己的经营范围，实现多元化经营。梳理网络文学的发展历程，为全面、系统地研究网络文学平台的版权运营奠定了基础。

第一节　中国网络文学平台及版权运营的萌芽期

网络文学平台是专门传播与发布文学信息的网络节点，它一般由文学机构、文学社团、文化公司或文学网民个人建立，是文学在网络虚拟空间的集散地，也是网络文学的具体承载体。①1995 年到 2008 年是网络文学平台发展的萌芽期，网络文学平台的规模不断扩大，从论坛式网络文学平台过渡到专业化网络文学平台，不断探索版权运营模式，从免费阅读到付费阅读。

一、从论坛式到专业化网络文学平台

（一）论坛式网络文学平台

在互联网刚刚普及时，校园论坛的文学版块是网络文学平台的前身，网络文学爱好者在论坛上创作和发表文章，与用户初步互动交流，这是网络文学的萌芽时期。1995 年，清华大学“水木清华”论坛建立，这是中国第一个网络文学平台，设置了读书、文学、武侠等版块，吸引了一大批网络文学爱好者在此创作、阅读、交流。1996 年，“金庸客栈”论坛成为武侠迷的聚集地，也因此吸引了一些网络文学作者，今何在的《悟空传》就在此连载。1998 年，“西祠胡同”创立，用户可自行在论坛创建讨论区，秉承“自由开放、自主管理”的开放式运营模式。同年，台湾小说家蔡智恒（痞子蔡）的《第一次的亲密接触》

① 欧阳友权 . 网络文学概论 [M]. 北京：北京大学出版社 , 2008 : 66-67.

连载于台湾成功大学论坛上，这是中国网络文学的一座里程碑。1999年，“天涯虚拟社区”创立，吸引了陈村、慕容雪村、砍柴等网络作家加盟，慕容雪村的《成都，今夜请将我遗忘》首发于此。与此同时，“西陆论坛”上线，李寻欢、地狱无门、卫捷都曾驻扎。2000年，西陆文学旗下的“自娱自乐”“一意孤行”“红尘阁”“五月天空乱弹”等论坛强强联合，成立“龙的天空”，今何在、狼小京、飞凌成为首批入站作者。

20世纪90年代，论坛成为网络文学的发源地，论坛上的内容一部分由网络文学爱好者创作，他们创作的初衷是抒发情感、与人交流以及对写作的热爱，并不以市场需求作为写作导向；另一部分内容来自于阅读爱好者扫描的实体出版物，并在论坛中分享传播。

（二）专业化网络文学平台

为保障网络文学的规范性发展，专业化网络文学平台出现了——1997年“榕树下”建立，从此网络文学拥有了生产创作、传播、阅读、交流的专业化平台。这一时期，李寻欢、安妮宝贝、邢育森等知名网络文学作者出现，《迷失在网络中的爱情》《告别薇安》《活得像个人样》等热门作品也相继出现。随后，起点中文网、红袖添香、潇湘书院、晋江文学城、小说阅读网、言情小说吧等专业化网络文学平台相继出现，如表1-1所示：

表 1-1　主要专业化网络文学平台概况

专业化网络文学平台	成立时间	平台定位	主要类型	代表作品
榕树下	1997年	中文原创作品网，国内成立最早、最具品牌的文学类网站	传奇、言情、悬疑、都市、青春、历史、军事、悬疑、幻想	《洛神红茶》（蔡智恒）、《若星汉天空》（今何在）、《告别薇安》（安妮宝贝）、《草样年华II》（孙睿）
红袖添香	1999年	女性文学数字版权运营商之一，中文女性阅读第一品牌	穿越时空、总裁豪门、古典架空、魔法幻情、青春校园、都市情感、白领职场、女尊王朝、玄幻奇幻、悬疑、科幻、网游、武侠仙侠、惊悚、历史、军事	《裸婚》（唐欣恬）、《逃婚俏伴娘》（涅盘灰）、《盛夏晚晴天》（柳晨枫）、《空姐日记》（狐小妹）
潇湘书院	2001年	国内最早女性言情原创网站之一	穿越、架空、历史、都市、青春、豪门、魔幻、玄幻、异能、短篇、耽美	《扶摇皇后》（天下归元）、《天才儿子腹黑娘亲》（北藤）、《傲风》（风行烈）
起点中文网	2002年	原创文学门户网站	玄幻、奇幻、武侠、仙侠、都市、青春、历史、军事、游戏、竞技、科幻、灵异、同人、动漫、女生网	《斗罗大陆》《天珠变》（唐家三少），《盘龙》《星辰变》（我吃西红柿），《斗破苍穹》《武动乾坤》（天蚕土豆），《神墓》《不死不灭》（辰东）
晋江文学城	2003年	全球最大女性文学基地	穿越、言情、都市爱情、职场婚姻、青春校园、耽美同人、武侠、科幻悬疑、网游等	《鸾：我的前半生，我的后半生》（天夕）、《梦回大清》（金子）、《步步惊心》（桐华）、《未央·浮沉》（瞬间倾城）

续表

专业化网络文学平台	成立时间	平台定位	主要类型	代表作品
小说阅读网	2004年	原创小说阅读网站	武侠仙侠、都市小说、奇幻玄幻、网游竞技、历史军事、灵异推理科幻、乡村幻想、古代言情、总裁豪门、穿越小说、仙侠魔幻、校园小说、同人销售、素锦年华、魔幻传奇	《跨过千年来爱你》《若爱只是擦肩而过》《终难忘》（秋夜雨寒），《电梯奇遇记》（赵赶驴）
言情小说吧	2005年	言情小说阅读体验平台、华语言情小说阅读基地	古代言情、现代言情、豪门总裁、穿越架空、宫廷斗争、青春校园、奇幻仙侠、悬疑恐怖、职场励志、言情小本	《浮生萦云》（浅尝辄止）、《总裁的女人》（姬水灵）、《豪门：总裁的七日欢恋》（殷寻）、《4岁小新娘》（戚惜）
17K小说网	2006年	集创作、阅读、版权交易于一体的文学网站	玄幻、奇幻、仙侠、武侠、游戏、竞技、都市、历史、军事、科幻、惊悚、古代言情、都市言情、幻想言情、穿越重生、耽美同人	《家园》《开国功贼》《盛唐烟云》（酒徒），《网游之盗版神话》《网游之天下无双》（失落叶）
纵横中文网	2008年	中文原创阅读网站	奇幻、玄幻、武侠、仙侠、历史、军事、都市、娱乐、竞技、同人、科幻、游戏、悬疑、灵异、古代言情、都市言情、幻想时空、耽美同人	《天才医生》（柳下挥）、《永生》《星河大帝》（梦入神机）、《修真世界》（方想）

专业化网络文学平台的诞生，是网络文学开始正规化运营的标志。首先，专业化网络文学平台为网络文学的创作、发布、阅读、交流等提供了专门的网络空间，也为长篇及超长篇网络文学、类型化网络文学的出现奠定了基础。第二，各网络文学平台为了不同的用户阅读需求，对自身进行差异化定位，吸引对网络文学题材有特定需求的用户。第三，专业化网络文学平台需要大量的网络文学内容储备，于是专业化网络文学作者诞生，在提升网络文学整体水平的同时，也使网络文学向着模式化、标准化的方向发展。第四，专业化网络文学平台发掘了网络文学的商业价值，通过付费阅读的方式，将网络文学的发展与市场经济相结合，确保了网络文学可持续发展的资金支持。从起点中文网开始，小说阅读网、晋江文学城、潇湘书院、红袖添香、言情小说吧、榕树下等专业化网络文学平台都把付费阅读作为主要盈利方式，盈利由作者与平台共同分享，这是网络文学平台对网络文学版权进行商业化运营的起点。

二、版权运营模式：付费阅读＋广告

论坛式网络文学平台时期的内容是免费的，论坛运营者通过扩充作品库吸引访问量，从而获取少量的广告费用，但由于资金的匮乏无法保障网络文学长足发展，平台运营者开始探索新的盈利模式。

在专业化网络文学平台时期，起点中文网因为免费阅读而经历了运营困难的时期，平台徘徊于收费和免费之间，既怕因收费而流失用户，又担心长期免费会让平台陷入恶性循环的境地。在反复论证之后，起点中文网开始向用户施行付费阅读的政策。“付费阅读＋广告”的版权运营模式建立在优质网络文学内容的基础之上，网络文学平台通过优质内容吸引网络文学用户付费，在获得大量用户关注之后，再将用户的注意力二次出售给广告商，以此获得广告收益，这是网络文学平台最早的版权运营模式。

网络文学平台从免费阅读到每千字收取 0.01 ～ 0.05 元的阅读费用，对网络文学后期的可持续发展具有重要意义：第一，从网络文学的内容角度来说，付费阅读能够使网络文学的内容更加具有规范性。网络文学的创作初衷从自由、纯粹地抒发情感，变成了作者和用户共同的规范性诉求。第二，从网络文学平台的角度来说，付费阅读结束了过去通过免费内容获取用户规模并形成网络效应、再依靠广告获取收益的盈利模式，解决了平台的运营困境。第三，从作者的角度来说，付费阅读增加了作者的收入，吸引了大批量的网络文学作者入驻平台，优质内容不断涌现，为网络文学平台储备了充沛的内容资源。第四，从用户的角度来说，付费阅读确认了用户的主体地位，用户的身份从免费阅读被给予的被动角色，转为主动角色，使得用户和作者可以在更高层次或多元化的精神需求上展开交流。

在起点中文网、榕树下、小说阅读网、言情小说吧等专业化网络文学平台为主导的市场格局下，付费阅读和广告成为主要的版权运营模式，但这种模式的盈利是有限的、单一的，这也是专业化网络文学平台发展的瓶颈。

第二节 中国网络文学平台及版权运营的探索期

从2004年到2014年，盛大、腾讯、百度等互联网公司开始将资本注入网络文学市场，大规模收购专业化网络文学平台，形成规模化网络文学平台，重构了网络文学市场。一方面，互联网企业资本的入驻，在建设平台、扩充内容储备、吸引优秀作者等方面，为网络文学的健康发展提供了充裕的资金支持。另一方面，平台对网络文学的版权运营模式不再只局限于付费阅读和广告，而是进行了拓展，极大提升了网络文学的版权价值。

一、从“一家独大”到巨头“争霸”

（一）盛大“一家独大”

盛大网络公司是由盛大游戏、盛大在线、盛大文学等业务板块组成的，不仅拥有自主研发的网络游戏产业、数字出版产业、国内最大的网络文学平台，还拥有网络互动平台，各个板块相互作用，以满足用户多元化互动娱乐的需求。盛大网络本是以游戏起家的，为了获得更多优质内容，占据更大市场份额，拥有更多用户规模，开始收购网络文学平台。2004年，起点中文网被盛大收购，由于起点中文网只有内容储备，没有对接销售和其他相关业务的渠道，而盛大集团是国内当时最大的游戏运营平台，可以打通销售、推广渠道，并且可以给予起点中文网巨大的资金支持。于是，起点中文网成为盛大文学的最初雏形。2007 年，盛大文学对以最大女性网络文学平台著称的晋江文学城控股 50%，吸纳了大量的网络文学女性用户群。2008 年，盛大文学收购了红袖添香，平台内容涵盖女性言情小说和都市职场的题材，出自该平台的代表作有《裸婚时代》等。2009 年，盛大文学收购了榕树下，汇聚了一大批有知名度的作家。2010 年，盛大文学先后收购了小说阅读网、言情小说吧、潇湘书院。经过六年的时间，盛大文学集团共汇聚了 7 家网络文学平台，收购了有声阅读网站“天方听书网”和数字期刊网站“悦读网”，拥有聚石文华、华文天下和中智博文三家图书策划出版公司，由此组建了一个网络文学集团，拥有丰富的内容资源，占据 70% 的网络文学市场份额，形成了“一家独大”的局面。

（二）盛大与互联网巨头“争霸”

在预测到网络文学产业广阔的发展空间后，腾讯、百度等互联网巨头开始将网络文学纳入到自身的产业布局中，与盛大文学一起，共同在网络文学市场中竞争。2013 年，起点中文网的核心团队离开盛大文学，加入腾讯，创立了以男性阅读为主的创世中文网，加上主打女性市场的云起书院，共同组建了腾讯文学，这是互联网巨头布局网络文学市场的开端。同年，百度将资本注入纵横中文网，并由此步入网络文学市场，随后整合了多酷文学、91 熊猫看书的内容资源，成立了百度文学。

互联网巨头布局网络文学市场之后，打破了盛大文学“一家独大”的市场格局，形成了由盛大文学、腾讯文学、百度文学“争霸”的局势，如图 1-1 所示。盛大文学旗下的起点中文网占据网络文学用户市场的 20.2%，位列第一，与小说阅读网、晋江文学城、起点女生网、言情小说吧、潇湘书院一起，占据了近 50% 的网络文学市场份额；腾讯旗下的创世中文网位居第二，市场占有率为 12.8%；百度旗下的纵横中文网位居第四，市场占有率为 8.4%。

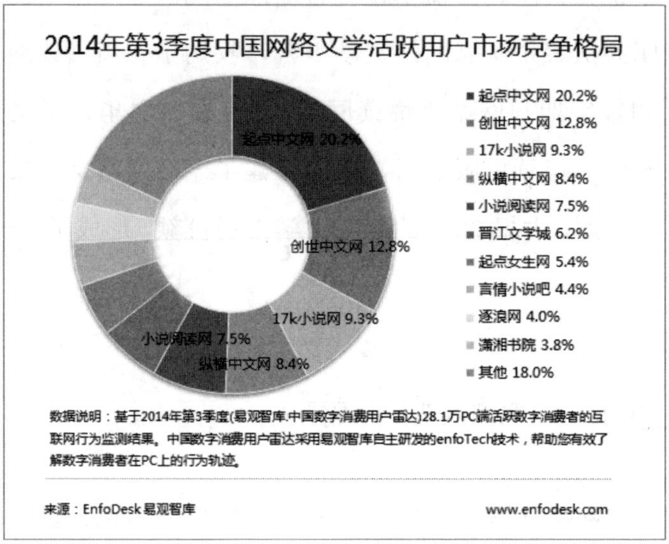

图 1-1　2014 年第 3 季度中国网络文学活跃用户市场竞争格局①

在盛大文学与互联网巨头“争霸”网络文学市场的时期，竞争体现在内容能力、渠道能力、运营能力、收入等方面。如表 1-2、表 1-3 所示：

① 易观分析 . 2014 年第 3 季度中国网络文学市场竞争格局 盛大文学一家独大 腾讯文学步步紧逼 [EB/OL].（2015-05-15）[2021-08-12].https://www.analysys.cn/article/analysis/detail/6279.

表 1-2　盛大文学与互联网巨头“争霸”

	盛大文学	腾讯文学	百度文学
网络文学平台和内容资源	起点中文网、晋江文学城、小说阅读网、红袖添香网、潇湘书院、言情小说吧、榕树下	创世中文网 云起书院	纵横中文网、多酷文学、91熊猫看书
移动端阅读渠道	云中书城、锦书	QQ阅读、QQ书城	纵横中文网、百度书城、91熊猫看书
网络文学版权开发合作方	华文天下、中智博文、聚石文华	作家出版社、人民文学出版社、华谊兄弟	完美世界、巨人网络、华策影视、鲜果国际

表 1-3　2014Q4 移动阅读企业竞争力分析[①]

一级纬度	二级纬度	权重	盛大文学	腾讯文学	百度文学
内容能力	网络文学内容积累	15%	★★★★★	★★★★★	★★★
	网络文学优秀作家积累	5%	★★★★★	★★★★★	★★★
	原创作家成长体系	10%	★★★★★	★★★★★	★★★★
	出版文学内容积累	5%	★★★★	★★★	★★★
	内容编辑团队能力	5%	★★★★★	★★★★★	★★★★
	版权衍生扶持和孵化能力	3%	★★★★	★★★★★	★★★
渠道能力	移动用户规模	15%	★★★	★★★★	★★★
	移动用户黏性	10%	★★★★	★★★★	★★★★
	移动用户规模发展潜力	5%	★★	★★★★★	★★★★
	自有内容分发渠道	2%	★★★★	★★★★	★★★
运营资源	企业在移动阅读方面现有和潜在的资源投入	5%	★★	★★★★★	★★★★
收入	收入规模	20%	★★★★★	★★★	★★
总得分			4. 15	4. 23	3. 18

在内容能力方面。盛大文学拥有起点中文网，以及以女性用户为目标群体的潇湘书院、晋江文学城、言情小说吧等专业化网络文学平

① 艾瑞咨询．中国移动阅读行业市场季度报告简版（2014Q4）[R/OL].（2015-05-05）[2021-08-12].http://report.iresearch.cn/report_pdf.aspx?id=2333.

台，还与春风文艺出版社、磨铁图书等330多家出版机构合作，签下了近8.5万种第三方作品数字运营权，包括王蒙、莫言、韩寒等作家，共储备了800亿字原创网络文学内容，500万部网络文学和传统书籍，1000多种电子期刊，日更新量近8000万字。[①] 腾讯文学拥有创世中文网、云起书院等专业化网络文学平台，百度文学拥有纵横中文网、多酷文学、91熊猫看书。盛大文学在内容积累、优秀作家积累、作家成长体系、内容编辑团队能力等方面与腾讯文学持平，领先于百度文学，在出版文学内容储备方面占据一定的优势，总体来看，盛大文学的内容能力领先于腾讯文学和百度文学。

在渠道能力方面。盛大文学有“云中书城”和移动阅读器“锦书”，腾讯文学拥有QQ阅读和QQ书城两大移动阅读产品，百度文学拥有纵横中文网、百度书城和91熊猫看书三个移动端阅读渠道。腾讯文学与百度文学在移动用户黏性方面持平，与盛大文学在自有内容分发渠道方面持平，但在移动用户规模及移动用户规模发展潜力方面领先于盛大文学和百度文学。综上，因腾讯依托社交平台，可最大限度地将网络文学作品多渠道地推送给网络文学用户，所以腾讯文学的渠道能力较盛大文学和百度文学更胜一筹。

在运营能力方面。盛大文学拥有聚石文华、华文天下、中智博文三家图书策划出版公司，对网络文学进行实体出版，与传统出版社合作打造了“云中书城”，布局移动阅读电子终端“锦书”，对网络文学版权的开发较多停留在文学领域。腾讯文学与作家出版社、人

① 倪一鸣.盛大文学向平台运营商转型之路——浅析盛大文学“云中书城”运营模式[J].出版科学，2014（3）：85-90.

民文学出版社、华谊兄弟等合作，旨在推动网络文学版权在“泛娱乐”领域的开发。百度文学与完美世界、巨人网络、华策影视、鲜果国际等公司合作，旨在将网络文学版权开发为影视剧、游戏等内容。腾讯文学在版权衍生扶持和孵化、资本投入等方面领先于盛大文学和百度文学。

在收入方面。因这个时期网络文学平台最主要的收入是依靠付费阅读，盛大文学拥有最充沛的内容储备，所以盈利能力超过了腾讯文学和百度文学。

二、版权运营模式：付费阅读＋版权供给

2010年盛大文学的用户规模约为1.5亿，占全网民总数的24.3%，年收入3.93亿元，主要由付费阅读、广告收入、版权供给等组成。付费阅读一直是盛大文学的主要收入来源，2010年付费用户数为95万人。广告收入也占一部分比重，2010年盛大文学的广告客户量为147。[①]2010年盛大文学签约了314个版权供给合同，单个版权的平均价格为5.6万元。版权供给即出售网络文学版权改编权，进行影视剧改编、游戏改编、动漫改编、实体出版等，2007年《鬼吹灯》的影视改编权以200万元的价格卖出，2009年《星辰变》的游戏改编权以100万元的价格卖出，《裸婚时代》《步步惊心》《甄嬛传》等的影视改编权也都出自盛大文学。此外，盛大文学还通过用户打赏、

① 电子商务PPT盛大文学公司分析[R/OL].（2015-01-09）[2021-08-12].https://wenku.baidu.com/view/d054adb79ec3d5bbfd0a74c7.html.

销售电子阅读器等方式获取收益。盛大文学时期形成了“付费阅读+版权供给”的版权运营模式，以付费阅读作为基础，拓展文学领域的产业链，并且将版权出售给其他制作公司，开发出影视剧、游戏、动漫等媒介产品。

一方面，通过并购专业化网络文学平台，盛大文学实现了规模经济，经营成本显著下降，缓解了专业化网络文学平台难以盈利的局面，平台通过付费阅读和广告收入能够获取更多的利润，盛大文学因此获得了最多的网络文学市场份额。另一方面，盛大文学在业务拓展方面有着强烈的诉求，旨在进行多元化经营①，实现范围经济。盛大文学在付费阅读的基础之上，提出了要对网络文学进行全版权运营的概念，旨在构建“中国最大的全版权运营基地”。盛大文学与传统出版社合作打造了“云中书城”数字图书馆，与上海图书馆合作并打造了移动端借阅平台“云中上图”，不仅丰富了网络文学平台的内容储备，还实现了网络文学平台与传统文学的第一次合作。并且，通过与聚石文华、华文天下、中智博文等传统出版社合作，盛大文学对网络文学进行实体出版。此外，为丰富用户的阅读场景，方便用户阅读盛大文学旗下的所有书籍，盛大文学还开辟了“锦书”，布局阅读终端。虽然盛大文学提出全版权运营的概念，但对网络文学版权的运营并没有最大限度地实现原有内容的增值，还只停留在文学层面，建立了文学产业链，将网络文学版权的改编权出售给其他公司来进一步挖掘版权的价值，这在一定程度上造成了内容生产与渠道、衍生环节的割裂，全

① 多元化经营是指企业不局限于一种产品或产业的经营，而是进行跨产品、跨行业经营扩张，不断扩大企业的经营范围。

版权运营在部分环节脱节，所以盛大文学还并不具备真正的全版权运营能力。如图 1-2 所示：

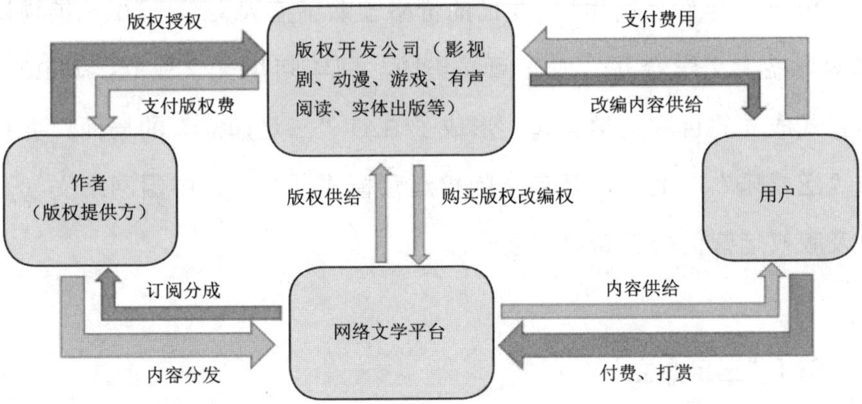

图 1-2　“付费阅读 + 版权供给”的版权运营模式

第三节　中国网络文学平台及版权运营的发展期

2014 年年底，腾讯以 50 亿的价格收购了盛大文学，2015 年腾讯文学与盛大文学合并，成立阅文集团，同年阿里文学成立，与 2014 年正式成立的百度文学一起，形成了 BAT“三足鼎立”的局面，并打造“泛娱乐”产业链，开启全版权运营模式。至今，中国网络文学平台及版权运营仍处于高速发展阶段。

一、BAT“三足鼎立”

2015 年第二季度是 BAT 互联网巨头进入网络文学市场的开端，位居前四名的分别是阅文集团、掌阅文学、百度文学、阿里文学。阅文集团的月覆盖人数超过了 6000 万，位居月覆盖人数第一名；掌阅文学的月覆盖人数为阅文集团的一半，3000 万，位居第二；百度文学月覆盖人数超 2171.9 万，位居第三；阿里文学月覆盖人数 1718.8 万，位居第四，如图 1-3 所示。掌阅文学虽然拥有排名第二的市场占有率，但是运营能力、资本实力、渠道资源与 BAT 互联网巨头还存在差距。于是，网络文学市场呈现出 BAT“三足鼎立”的格局。

在 BAT“三足鼎立”时期，互联网巨头的竞争不只局限于文学领域，而是在“泛娱乐”竞争中，将竞争范围扩大到影视、游戏、音乐、动漫等领域。如表 1-4 所示：

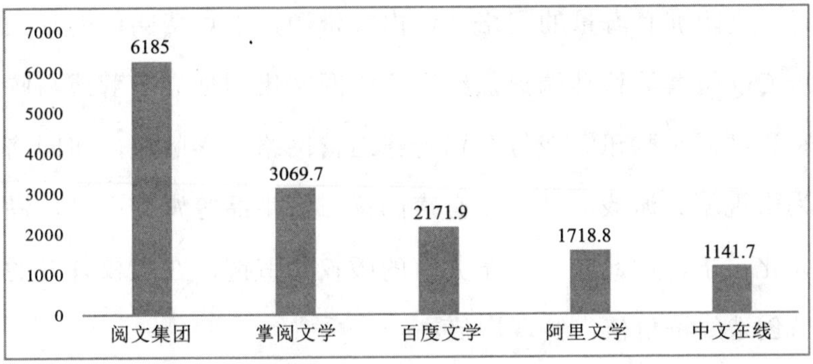

图 1-3　2015Q2 网络文学企业 PC+ 移动端平均月度覆盖人数（万人）①

表 1-4　BAT“三足鼎立”

	阅文集团	阿里文学	百度文学
网络文学内容和平台	创世中文网、起点中文网、云起书院、起点女生网、红袖添香、潇湘书院、小说阅读网、言情小说吧、中智博文、华文天下、天方听书网等	书旗小说、UC 小说、淘宝阅读等	纵横中文网、百度书城、91熊猫看书等
移动端阅读渠道	QQ阅读、起点读书等	书旗小说、UC 浏览器等	百度书城、熊猫看书等
“泛娱乐”布局	腾讯动漫、腾讯游戏、腾讯影业等	阿里影业、阿里游戏、阿里音乐、UC等	百度视频、爱奇艺、PPS、华策影视、百度游戏等
版权运营策略	从“泛娱乐战略”升级为“新文创生态”，升级“IP全链服务”，推出“IP共营合伙人制度”，开拓海外市场	免费阅读，相继推出“光合计划”（精品阳光扶持计划、中短作品曝光计划、IP联合培养计划、IP联合开发计划）、“HAO计划”，加盟“T计划”“A计划”等	2016年完美世界控股百度文学，与百度在文学、版权、影视、游戏等方面深入合作，2019年之后百度入股七猫小说，七猫收购纵横中文网

① 艾瑞咨询．中国网络文学行业研究报告（2015 年 Q2）[R/OL].（2015-08-21）[2021-08-12].http://report.iresearch.cn/report_pdf.aspx?id=2436.

阅文集团拥有海量的网络文学内容资源，以付费阅读的形式将内容通过QQ阅读等移动端提供给用户。阅文集团独立运营或与腾讯影业、腾讯动漫、腾讯游戏等公司合作运营网络文学版权，将网络文学改编为影视剧、游戏、动漫、有声阅读、衍生品等媒介产品，满足用户多元化需求，由此建立一条完整的版权价值链，在版权开发的每一个环节创造经济价值，实现增值。

阿里文学采用免费阅读模式打造以网络文学版权为核心的开放式平台，依托阿里的技术优势和用户行为大数据，进行网络文学版权的培育和衍生开发，并同时布局版权开发生态体系，以求实现网络文学版权价值最大化。阿里文学在阅读领域拥有书旗小说、淘宝阅读、UC小说，通过与阿里影业、光线传媒、华谊兄弟等合作将网络文学改编为影视剧，与阿里游戏等合作将网络文学改编为游戏，建立全新产业链。

百度文学整合了纵横中文网、多酷文学、91熊猫看书等几大网络文学平台的内容资源，旨在以网络文学版权为核心，依托百度视频、爱奇艺、PPS、百度游戏等，建立包括动漫、影视、游戏、衍生品等增值业务在内的完整产业链。

在内容能力方面，阅文集团在内容积累、优秀作家积累、原创作家成长体系、出版文学内容积累、内容编辑团队能力等方面均领先于百度文学和阿里文学。在渠道能力方面，百度文学在移动用户黏性、移动用户规模发展潜力等方面略领先，但阅文集团在桌面端用户规模、桌面端用户黏性、分发渠道合作等方面领先，总体来看，阅文集团的渠道能力更强。在运营能力方面，阅文集团在衍生开发经验和能力、社交关系资源、资金资源等方面领先。在收入方面，阅文集团远超于其他两个文学集团。如表1-5，图1-4所示：

表 1-5　2015Q2 网络文学企业竞争力分析（总体）①

一级纬度	二级纬度	权重	阅文集团	百度文学	阿里文学
内容能力	网络文学内容积累	10%	★★★★★	★★★	★★
	网络文学优秀作家积累	5%	★★★★★	★★★	★★
	原创作家成长体系	5%	★★★★★	★★★★	★★
	出版文学内容积累	5%	★★★★	★★★	★★★
	内容编辑团队能力	5%	★★★★★	★★★	★★
渠道能力	桌面端用户规模	10%	★★★★★	★★★	★
	桌面端用户黏性	5%	★★★★	★★★	★
	移动用户规模	10%	★★★	★★★	★★★
	移动用户黏性	5%	★★★★	★★★★	★★★
	移动用户规模发展潜力	5%	★★★★	★★★★★	★★★★
	分发渠道合作	5%	★★★★	★★★	★★★★
运营资源	衍生开发经验	2%	★★★★	★★	★★★
	衍生开发能力	3%	★★★★	★★★	★★★
	社交关系资源	5%	★★★★★	★★★	★★★★
	流量资源	5%	★★★★★	★★★★★	★★★★★
	资金资源	5%	★★★★★	★★★★	★★★★★
收入	收入规模	10%	★★★★★	★★★	★
总得分			4.4	3.2	2.6

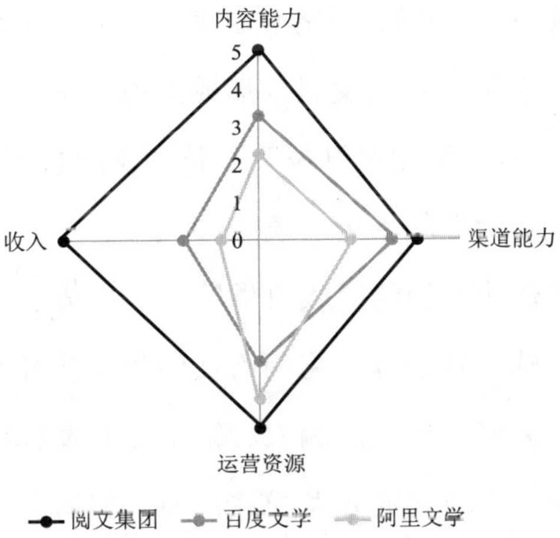

图 1-4　2015Q2 网络文学企业竞争力分析（分维度）②

①② 艾瑞咨询 . 中国网络文学行业研究报告（2015 年 Q2）[R/OL].（2015-08-21）[2021-08-12].http://report.iresearch.cn/report_pdf.aspx?id=2436.

二、版权运营模式：付费阅读＋全版权运营

盛大文学时期，未能进行真正的全版权运营，而是将版权出售给其他公司进行开发和改编，依靠出售版权获取利润。这样的运营模式会导致网络文学版权开发松散、无整体系统规划、无法合理配置资源的问题，还会造成改编时间过长的现象产生，一旦网络文学的热度下降，就无法有效实现网络文学版权价值的变现。例如《鬼吹灯》在2007年就已经成为热门网络文学，可是却拖了7年才改编为电影。

BAT互联网巨头企业将资本注入网络文学市场，打造“泛娱乐”产业链。网络文学内容的生产和创作是整个“泛娱乐”产业链的基础和核心，是其他产业链环节的内容来源。互联网巨头企业收购网络文学平台后，自身就拥有了网络文学版权，不需要再高额购买版权，可为网络视频、网络游戏等业务板块提供内容资源，这样就可以降低互联网企业的运营成本。BAT网络文学平台不局限于付费阅读、出售版权的盈利模式，而是多元化发展，形成集内容生产、影视改编、游戏改编、动漫改编，以及衍生品开发为一体的全版权运营产业，形成“付费阅读＋全版权运营”版权运营模式。

网络文学平台从最初的“版权供给方”变成了“全版权运营”的主体。全版权运营区别于以往将网络文学版权的开发权（包括影视剧改编权、游戏改编权、动漫改编权、衍生品开发权等）分别授予不同公司，进行自发、零散式的开发模式，而是将所有版权一起拿下，在开发前对版权进行全面系统的分析和研究，在统一价值观框架下，统筹规划影视剧、游戏、动漫等媒介产品的改编、传播、营销等，让多种版权输出形态之间形成联动效应，叙事内容通过某种逻辑关联相互

达成。全版权运营的目的是尽量系统化、全面地延伸网络文学版权价值，实现版权价值最大化，避免重复开发、各环节缺乏有效互动、改编产品降低版权价值的情况发生。如图 1-5 所示：

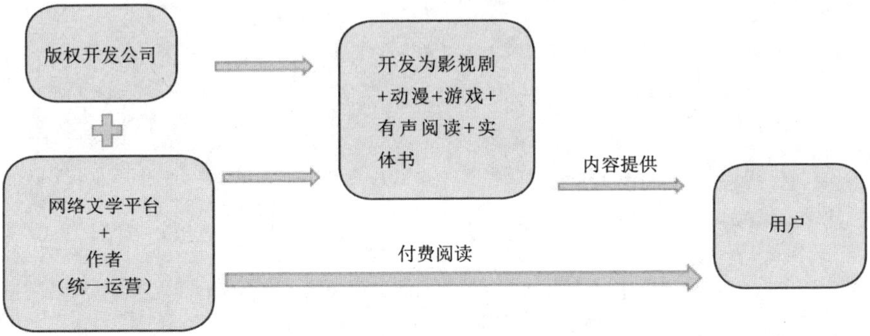

图 1-5　“付费阅读 + 全版权运营”的版权运营模式

第二章

中国网络文学平台的运营现状

本章摘要

中国的政策法律、文化经济、技术发展等外部条件为中国网络文学平台版权运营的发展奠定了基础。在政治方面，国家出台了关于版权保护和内容规范管理的相关法规，还为版权保护采取了相应行动；在经济方面，资本助推网络文学产业的发展，互联网企业对网络文学产业的投资呈上升趋势；在技术发展方面，根据平台的后台数据分析用户需求及喜好，大数据为网络文学平台的版权运营提供了技术支持。2015年之后，中国网络文学的市场结构经历了阅文集团、阿里文学、百度文学“三足鼎立”的格局。阅文集团依托腾讯的社交平台、阿里文学依托阿里的电商数据、百度文学依托搜索引擎，开拓网络文学市场，进行“泛娱乐”布局。网络文学平台不再局限于内容层面的生产和传播，而是多元化经营，以网络文学版权为核心进行全版权运营，将网络文学开发为影视剧、游戏、动漫、有声阅读等不同形式的媒介产品。版权开发价值最大化和版权授权正规化是这一阶段网络文学平台版权运营最重要的两大特点。

2015年以后，具备原创内容的网络文学平台大多都已被BAT收购，宜搜小说、咪咕阅读、中文在线、番茄免费小说、塔读文学等平台在网络文学市场也占得一席之地。BAT网络文学平台“三足鼎立”的市场格局虽偶有变化，但截至目前为止，中国网络文学平台的主要竞争者依旧是阅文集团、阿里文学、百度文学。尤其是阅文集团，占据大部分的市场份额，2020年拥有900万名作者，1390万部网络文学作品，2021年2月百度小说风云榜数据显示，排名前30的网络文学作品中，有26部出自阅文平台。网络文学产业的飞速发展离不开其日益良好的发展环境，更不断被各大网络文学平台的商业布局所驱动。

第一节　中国网络文学的发展环境

经过20余年的发展，中国网络文学的市场规模在不断扩大，这与中国网络文学的发展环境密切相关。政治、经济、技术等因素，为中国网络文学的发展创造了良好的环境。

一、政治环境

习近平总书记提出了“爱读书”“读好书”“善读书”“会用书”“读书经”的读书观，曾说“我最大的爱好是读书，读书已成为我的一种生活方式。读书可以让人保持思想活力，让人得到智慧启发，让人滋养浩然之气”。2014年以来，国务院政府工作报告中也屡次提及“全民阅读”，并提出“建设书香社会”。为了更健康地发展该行业，国家出台了一系列涉及网络文学版权保护和内容规范管理、知识产权保护的政策法规，如表 2-1 所示：

表 2-1　中国版权保护的政策法规

发布时间	来源	政策	摘要	领域
2014.8	中央全面深化改革领导小组第四次会议审议通过	《关于推动传统媒体和新兴媒体融合发展的指导意见》	强调要打造一个相互融合的全媒体时代，与网络文学产业的概念一拍即合。	网络文学
2014.8	全国人大常委会	《全国人大常委会关于在北京、上海、广州设立知识产权法院的决定》	表明中国版权保护在司法制度保护方面迈出了关键的一步。	版权保护
2014.12	国务院	《关于转发知识产权局等单位深入实施国家知识产权战略行动计划（2014—2020年）的通知》	打击网络侵权盗版。	知识产权
2015.1	国家新闻出版广电总局	《关于推动网络文学健康发展的指导意见》	把握正确导向、实施精品工程、提升作品质量、健全编辑管理机制、完善作品管理制度、推动内容投送平台建设、培育市场主体、开展对外交流、开展网络文学评论引导、发挥科技创新引领作用、加强版权保护、规范市场秩序、加大政策扶持力度、加快人才培养、加强行业自律。	网络文学
2015.4	国家版权局	《关于规范网络转载版权秩序的通知》	明确网络版权转载的相关问题，加大对网络版权的监管力度。	版权保护
2015.10	中共中央工作座谈会	《中共中央关于繁荣发展社会主义文艺的意见》	大力发展网络文艺，鼓励推出优秀网络原创作品，推动网络文学、网络音乐、网络剧、微电影、网络演出、网络动漫等新兴文艺类型繁荣有序发展。	网络文艺

续表

发布时间	来源	政策	摘要	领域
2016.11	国家版权局	《关于加强网络文学作品版权管理的通知》	规范网络文学作品版权秩序。	网络文学
2017.1	国务院	《“十三五”国家知识产权保护和运用规划》	将知识产权规划首次列入国家重点专项规划，进一步提升包括版权在内的知识产权工作地位。	知识产权
2017.1	中共中央办公厅、国务院	《关于促进移动互联网健康有序发展的意见》	加强知识产权运用和保护，规范网络服务秩序，提高侵权代价和违法成本，有效威慑侵权行为。	知识产权
2017.2	国家版权局	《版权工作“十三五”规划》	全面部署版权工作，明确版权工作的发展目标和重点任务。	版权
2017.4	文化部	《关于推动数字文化产业创新发展的指导意见》	发展动漫、游戏、网络文学和数字文化装备、数字艺术展示等数字文化产业重点领域，促进动漫与文学、游戏、影视、音乐等内容形式交叉融合，发展动漫品牌授权和形象营销，与相关产业融合发展，延伸动漫产业链和价值链。	数字文化产业
2017.6	国家新闻出版广电总局	《网络文学出版服务单位社会效益评估试行办法》	明确提出对从事网络文学原创业务、提供网络文学阅读平台的网络文学出版服务单位进行社会效益评估考核。	网络文学
2017.6	国务院知识产权战略实施工作部际联席会议办公室	《2017年深入实施国家知识产权战略加快建设知识产权强国推进计划》	深化知识产权领域改革、严格保护知识产权、促进知识产权创造运用、深化知识产权国际交流合作、加强组织实施和保障。	知识产权

续表

发布时间	来源	政策	摘要	领域
2018.2	中共中央办公厅、国务院办公厅	《关于加强知识产权审判领域改革创新若干问题的意见》	加强知识产权法院体系建设。	知识产权
2018.8	最高人民法院	《关于增设北京互联网法院、广州互联网法院的方案》	增设互联网法院、保护网络文学版权。	知识产权
2019.1	最高人民法院	《关于知识产权法庭若干问题的规定》	加大知识产权司法保护力度，保障国家层面知识产权案件上诉审理机制落地见效。	知识产权
2019.5	最高人民法院	《关于技术调查官参与知识产权案件诉讼活动的若干规定》	发挥技术调查官对有效查明技术事实、提高知识产权审判质量和效率的积极作用。	知识产权
2019.11	中共中央办公厅、国务院办公厅	《关于强化知识产权保护的意见》	改革完善知识产权保护体系，综合运用法律、行政、经济、技术、社会治理手段强化保护。	知识产权
2020.6	国家新闻出版署	《关于进一步加强网络文学出版管理的通知》	规范网络文学行业秩序，加强网络文学出版管理，坚持正确出版导向和高质量发展。	网络文学
2020.11	国务院	《中华人民共和国著作权法》	第三次修正。	著作权
2020.11	最高人民法院	《关于加强著作权和与著作权有关的权利保护的意见》	着力缩短涉及著作权和与著作权有关的权利的类型化案件审理周期，为法院审理著作权相关案件提供详尽指导。	著作权
2021.6	全国人大常委会	《中华人民共和国著作权法》（第三次修订）	进一步完善侵权惩罚性赔偿制度，作品的定义和类型，著作权的集体管理制度。	著作权

目前中国已进入以知识产权为核心竞争力的新经济时代，除了出台政策法规，还启动了知识产权协同保护的相应措施：例如，国家版权局、国家互联网信息办公室、工业和信息化部、公安部联合发起一年一度的“剑网”专项行动；国家版权局牵头组织了网络文学版权保护研讨会，其中阅文集团、咪咕数媒、掌阅科技等33家单位参加会议并共同发起了中国网络文学版权联盟，发布了《自律公约》；国家版权局在咪咕文化科技有限公司设立“网络版权保护研究基地”；中国新闻出版传媒集团、北京快手科技、喜马拉雅等多家数字版权单位成立“中国数字版权产业联盟”；国家知识产权局旨在创建便捷、高校、低成本的“一站式”知识产权综合服务维权渠道，截至2020年年底全国已设立40家知识产权保护中心。

国家出台的政策法规及采取的保护措施为网络文学的健康、可持续发展创造了良好的环境，网络文学产业将会朝着有序、规范的方向发展。

二、经济环境

随着互联网的高度覆盖，新媒体使人们的阅读碎片化，热衷于阅读或收看一些篇幅小、通俗易懂或带有娱乐特质的“文化快餐”，网络文学就滋生于娱乐化、感官刺激大于理性思考的文化环境中。互联网企业十分看好网络文学产业的发展空间，不仅能获得国家政策的支持，还能获得经济效益的长远发展。为了能在未来竞争发展中占据优势，腾讯、阿里、百度等互联网企业便将投资网络文学产业作为发展之重，一些影视制作公司、游戏制作公司也将资本投放到优质内容中。

由此形成了一个谁拥有更多、更优质的内容，谁就能在未来竞争发展中占据优势的趋势，也进一步推动网络文学市场的快速发展。2020年，中国数字娱乐核心产业规模达6835.2亿，网络文学市场规模达288.4亿，网络文学直接或间接影响动漫、影视、游戏、音乐、衍生品等合计约2531亿元市场，对数字娱乐产业的影响范围超过40%。①

三、技术环境

在互联网技术发展日新月异的今天，中国网络文学产业能得到快速发展，离不开技术的支持。“大数据”一词出自2011年著名咨询公司麦肯锡研究所的报告《大数据：下一个创新、竞争和生产率的前沿》，大数据技术被真正重视起来是从美剧《纸牌屋》大获成功之后。美剧《纸牌屋》是由美国奈飞公司（Netflix）制作而成的，2011年该网站视频销量占据北美市场的45%，位居第一（第二名亚马逊仅占1.8%），因此它拥有很强的大数据基因，其核心竞争力和发展方向就是数据统计与分析。奈飞搜集用户使用数据，包括用户在哪里暂停、快进、回放、停止，甚至是分享、收藏、评论等多维度数据，在数据分析和推测之后发现，喜欢英版《纸牌屋》的用户中，点击率最高的是导演大卫·芬奇（David Fincher）和男演员凯文·史派西（Kevin Spacey）。于是奈飞公司就斥资1亿美元，请来大卫·芬奇做导演，凯文·史派西做主演，打造了爆红的美版《纸牌屋》，将大数据有效

① 易观.中国网络文学版权保护白皮书（2021）[R/OL].（2021-04-25）[2021-08-12].https://www.analysys.cn/article/detail/20020094.

转化成了生产力。[①]将大数据技术运用到网络文学的内容生产过程中，通过对用户在网络文学平台的注册信息、阅读行为等数据搜集，分析网络文学用户的偏好，可孵化出用户需要的网络文学，为网络文学版权开发提供科学化的指导，满足用户的个性化需求。

① 参考韩布伟 . 泛娱乐战略 [M]. 长春：北方妇女儿童出版社 , 2016 : 19-22.

第二节　中国网络文学平台的核心竞争力

在互联网行业竞争不断升级的情况下，互联网巨头企业原有的商业模式已有局限性，为了提高自己的市场份额，提升盈利能力，互联网巨头BAT依托原有社交、电商、搜索引擎等商业模式，广泛布局其他产业，在各个领域进行激烈的竞争。在预测到网络文学文化价值的重要性之后，互联网巨头BAT便在网络文学内容及版权运营领域展开了争夺。

在互联网雄厚资本的注入与运作下，网络文学平台的并购与重组时有发生，也使得网络文学版权逐渐集中于BAT几家大型网络文学集团手中。腾讯、阿里、百度均投入资本并参与到网络文学版权的生产和运营中，形成了阅文集团、阿里文学、百度文学“三足鼎立”的市场格局。BAT通过并购网络文学平台，对分散冗杂的网络文学资源完成了一轮过滤，将版权资源整合到了统一的传播渠道中，不仅减少了用户到各个网络文学平台搜索网络文学的时间，还能增加平台的用户黏性。并且，在整个大平台的运作环境中，因用户聚集、规模大，网络文学平台还能对用户的阅读行为和消费习惯进行监测、分析，从而有针对性地生产用户需要的内容，设计用户感兴趣的情节点，进行有效推送，合理规划版权运营。腾讯、阿里、百度不局限于内容层面的生产和传播，而是呈多元化趋势发展，进行“泛娱乐”布局，形成集内容生产、影视改编、游戏改编、动漫改编，以及衍生品为一体的全版权运营产业，实现了娱乐业的跨界融合。版权开发价值最大化和版权授权正规化是这一阶段网络文学平台版权运营最重要的两大特点。

一、阅文集团——依托社交媒体

腾讯提出“泛娱乐”战略后，设立了互动娱乐事业群，旗下涵盖腾讯游戏、文学、动漫、影业等互动娱乐业务。腾讯游戏成立时间较早，是国内最大的网络游戏社区；腾讯动漫拥有PC站、腾讯动漫APP、H5产品；腾讯互娱推出“腾讯电影+”计划，投资华谊兄弟、柠萌影业后，成立了腾讯影业；腾讯文学与盛大文学合并，组建阅文集团。如图2-1所示：

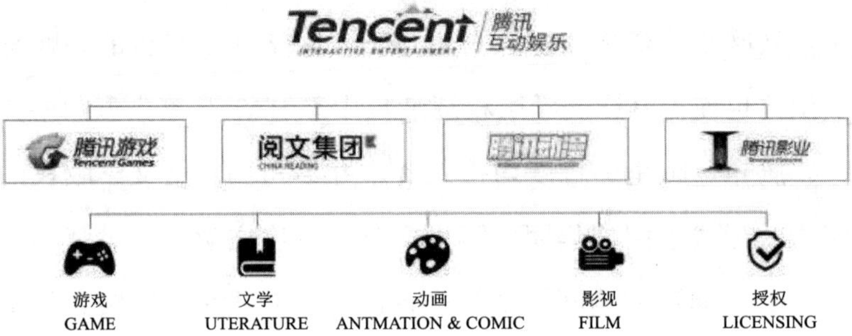

图2-1　腾讯互动娱乐①

经过6年的发展，阅文集团成为国内最大的网络文学平台，占有绝对的市场优势。阅文集团旗下有起点中文网、起点女生网、红袖添香、创世中文网、小说阅读网、言情小说吧、云起书院、榕树下等网络文学平台，以及QQ阅读等移动阅读APP。阅文集团依靠付费阅读、版权运营为主要收入来源，从2017年到2020年，全年营收从40.95亿元增长到85.26亿元，在线阅读总收入从34.21亿元增长到49.32

① 传媒少数派.“泛娱乐时代来临”盘点腾讯、阿里、百度泛娱乐IP产业布局[EB/OL].（2017-02-14）[2021-08-12].https://www.sohu.com/a/126179316_499186.

亿元，收入占比从 83.6% 降至 57.9%，版权运营收入从 3.66 亿元增长到 34.51 亿元，收入占比从 8.9% 提高至 40.5%。尤其 2019 年，版权运营总收入达 44.23 亿元（同比激增 341%），版权运营总收入占比超过 2019 年总收入的一半。如图 2-2 所示：

	二零一七年		二零一八年		二零一九年		二零二零年	
	人民币千元	%	人民币千元	%	人民币千元	%	人民币千元	%
在线业务 (1)								
我们自有平台产品	1,873,557	45.8	2,213,089	43.9	2,425,142	29.1	3,903,447	45.8
腾讯产品自营渠道	1,081,944	26.4	951,774	18.9	836,027	10.0	681,805	8.0
第三方平台	465,077	11.4	663,063	13.2	449,249	5.4	346,932	4.1
小计	3,420,578	83.6	3,827,926	76.0	3,710,418	44.5	4,932,184	57.9
版权运营及其他(2)								
版权运营	366,221	8.9	1,003,032	19.9	4,423,104	53.0	3,451,107	40.5
纸质图书	201,064	4.9						
其他	107,203	2.6	207,292	4.1	214,245	2.5	142,410	1.6
小计	674,488	16.4	1,210,324	24.0	4,637,349	55.5	3,593,517	42.1
总收入	4,095,066	100.0	5,038,250	100.0	8,347,767	100.0	8,525,701	100.0

图 2-2　阅文集团 2017-2020 年收入①

由上述数据可见，阅文集团的收入逐年递增，由于受新冠肺炎疫情影响，2020 年版权运营收入减少，但总体来看，版权运营在总收入中的占比不断提高，收入的重点正在逐渐从付费阅读转向版权运营。一方面，阅文集团将付费阅读作为主要盈利方式之一，依靠起点中文网、榕树下、创世中文网、潇湘书院、云起书院等网络文学平台，以

① 韩依民．阅文发布 2017 年财报，去年利润暴增 14 倍 [EB/OL].（2018-03-19）[2021-08-12].https://tech.qq.com/a/20180319/030841.htm?t=1521521977352.

有饭研究．阅文 2019 年财报：净利润 11 亿，版权运营收入 44 亿 [EB/OL].（2020-03-18）[2021-08-12].https://www.sohu.com/a/381073402_793466.

三文娱．阅文“业绩反转”的 2020：利润大部分来自下半年 [EB/OL].（2021-03-24）[2021-08-12].https://new.qq.com/omn/20210324/20210324A013KJ00.html.

及 QQ 阅读、微信读书、起点读书等移动阅读 APP 直接接触用户；或者依靠腾讯 QQ、微信等社交平台，最大限度地将网络文学作品多渠道地推送给网络文学用户；或者以硬件终端设备的形式——QQ 阅读电子书提供给用户。如图 2-3 所示。另一方面，网络文学版权运营的收入也在不断提高。在网络文学版权运营的过程中，阅文集团会独立运营自有网络文学版权，或是与合作伙伴一起，将网络文学版权改编为影视剧、游戏、动漫、有声阅读等媒介产品，再通过腾讯系平台，腾讯视频、腾讯游戏、懒人听书、阅文听书等进行传播，实现不同媒介产品的协同效应，满足用户多元化的娱乐需求，持续性地让粉丝流动在不同的媒介领域中，为网络文学版权增容，形成良性循环。如图 2-4 所示：

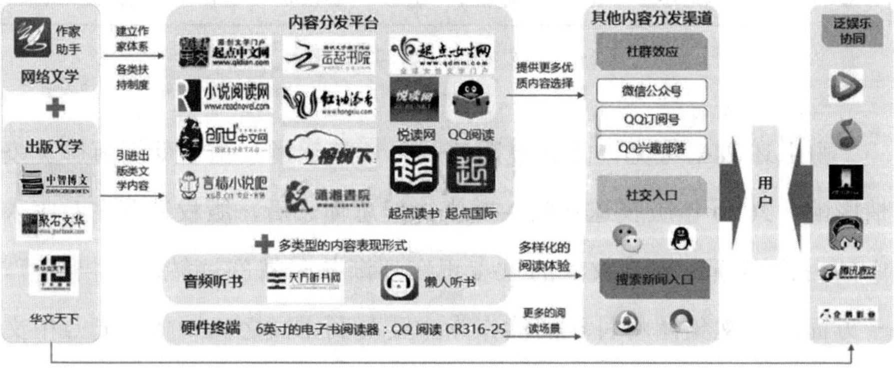

图 2-3　阅文集团生态系统①

① 易观 . 中国移动阅读市场年度综合分析（2017）[R/OL].（2017-07-05）[2021-08-12].https://www.analysys.cn/article/detail/1000817.

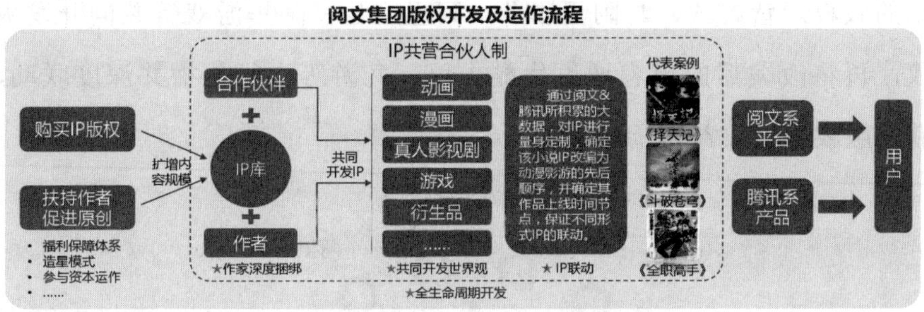

图 2-4　阅文集团版权运营模式①

二、阿里文学——依托电商

阿里集团将虾米音乐和天天动听合并成立阿里音乐；在收购文化中国后成立了阿里影业，并收购优酷土豆；将九游更名为阿里游戏。2016 年，阿里最终构建了包括阿里影业、优酷土豆、阿里音乐、UC、阿里数娱、阿里文学、阿里游戏和阿里体育在内的大文娱板块。如图 2-5 所示。

阿里文学成立之初就与咪咕阅读、天翼阅读、中文在线、纵横中文网、中国出版集团、博集天卷等 150 余家内容提供商达成了版权合作协议，获得了 12 万余部授权作品，超 40 万册版权图书。阿里文学以增加对垂直内容的征集力度为发展方向，例如将二次元漫画和二次元轻小说，同人文、中短篇网络文学作为未来的发展重心。阿里文学拥有书旗小说等移动渠道，通过免费阅读的方式吸引用户，借助阿里大文娱资源乃至阿里系资源，联合培育网络文学版权，采用开放、共

① 易观 . 中国移动阅读市场年度综合分析（2017）[R/OL].（2017-07-05）[2021-08-12].https://www.analysys.cn/article/detail/1000817.

享的版权运营方式，与阿里影业、阿里音乐、阿里游戏等共同开发版权，再将改编后的内容通过优酷土豆、九游等进行传播并深度联动，获得版权增值收益。

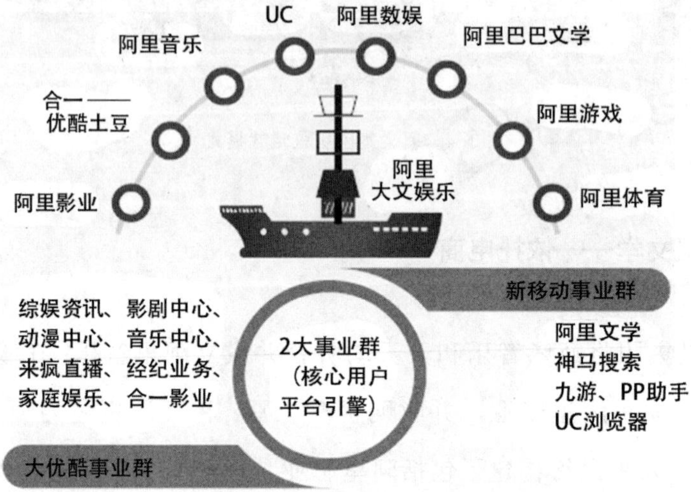

图 2-5　阿里大文娱①

阿里文学与阅文集团利用各自已经成型的商业形态，按照自己的逻辑进行网络文学版权运营，阅文集团依托的是腾讯的社交网，阿里依托的是电商。一方面，阿里掌握大量的电商数据，包括支付数据、位置数据、兴趣数据，可为每一个用户描绘出一幅数据画像，这为阿里文学进行千人千面的个性化内容推送打下了基础。例如阿里在推广电影《一条狗的使命》时，通过电商大数据精准锁定了目标观众，重点将影片推送给买过宠物用品的人士。另一方面，阿里文学依托电商

① 易观 . 中国移动阅读市场年度综合分析（2017）[R/OL].（2017-07-05）[2021-08-12].https://www.analysys.cn/article/detail/1000817.

对网络文学版权的衍生品进行变现。在《三生三世十里桃花》热播之后，天猫售卖《三生三世十里桃花》的衍生品，如桃花醉、百草味坚果等食品，以及服装饰品、美妆、定制毛绒玩具等，收入超3亿元。

三、百度文学——依托搜索引擎

百度解决了国内海量信息与用户需求之间强烈不对等的问题，通过控制信息流并生产信息内容，占据了中文搜索市场的大部分份额。一方面用户检索关键词后，通过对信息流的控制，百度就可以获取用户的需求，掌握用户想要了解的信息。另一方面，百度不断挖掘和整合互联网信息资源，通过百度贴吧、百度知道、百度百科等挖掘用户脑海中的隐性信息来生产社会化信息产品，通过百度数据研究中心、百度热搜、百度指数等整合自身数据库控制的信息来生产数据深度分析信息产品。2011年百度财报中显示，通过广告获得盈利约23亿美元，几乎占百度2011年总营收的全部。但仅仅依靠广告的盈利模式不足以支撑平台企业的未来发展，于是百度开始创新商业模式，依托搜索引擎的巨大流量入口，2013年开始全面布局网络文学市场，以1.915亿元的价格从完美世界手中买下纵横中文网，并将多酷文学和19亿美元收购的91无线中的91熊猫看书整合，成立了百度文学。百度整合百度文学、百度视频、百度贴吧、爱奇艺、PPS、百度游戏、百度动漫等平台资源，全面建立覆盖影视剧、动漫、游戏、有声阅读、实体出版以及衍生品的“泛娱乐”生态系统。如图2-6所示：

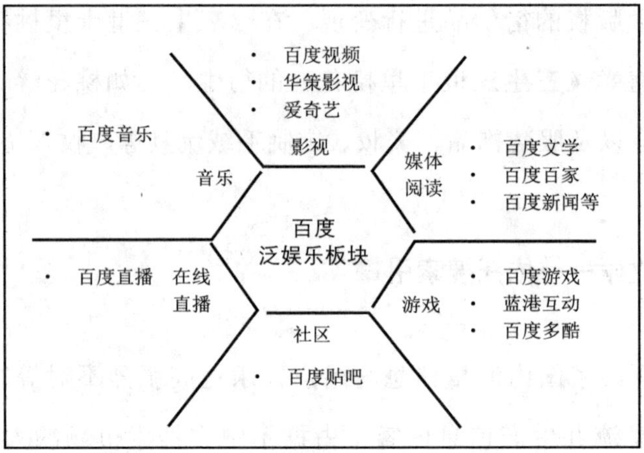

图 2-6 百度“泛娱乐”生态系统[①]

百度文学与小说阅读网、晋江文学城、看书网、磨铁等合作，引入内容版权近十万余部，通过百度书城、熊猫看书等移动端传播内容，并且还与中国移动、中国联通、掌阅、网易、塔读等分发平台合作，与完美世界、巨人网络、华策影视、鲜果影业、百度游戏等合作开发网络文学版权，改编后的内容通过百度视频、爱奇艺等发行，全面打造百度“泛娱乐”产业链。

百度文学依托全球最大的中文搜索引擎，拥有海量的后台信息数据和数据深度分析，但无论与阅文集团还是阿里文学相比，都存在一定的差距。百度文学在网络文学的内容储备方面是短板，需要不断地购买作品，引进网络文学作家。与阅文集团相比，阅文集团具有社交方面的先天优势，依靠腾讯 QQ 和微信的用户规模，更易于向用户传播、与用户交流，而百度文学所依托的百度社交平台关系松散，并

① DataEye&S+:2016 年中国泛娱乐行业报告 [R/OL].（2017-03-21）[2021-08-12].http://www.199it.com/archives/574618.html.

不利于深度交流分享。与阿里文学相比，阿里文学依托电商的后台消费数据，能够描绘每一位用户的“消费画像”，并精准推送相关信息，满足用户阅读需求，而百度文学不能精准定位用户的消费需求。由于百度文学存在的差距，2016 年百度将百度文学作价 10 亿卖给完美世界。而网络文学是“泛娱乐”产业链的源头，若缺失这一环节，就会减弱百度相较于其他互联网巨头企业的竞争力。于是 2019 年百度入股七猫小说，2020 年尝试入股掌阅科技，2021 年七猫投资中文在线，并收购纵横中文网，百度再次回归内容领域。

第三章

中国网络文学平台版权运营的现状

本章摘要

随着中国网络文学平台的不断发展，网络文学平台版权运营的模式也在不断发展变化：从无偿转载传播的运营模式，到无序出售网络文学版权改编权的运营模式，再到网络文学全版权运营模式。

在网络文学平台的双边市场中，一边是网络文学作者，另一边是网络文学用户。在本书中，定义网络文学平台的双边分别为供给侧和需求侧，供给侧为网络文学作者生产的内容，以及由网络文学版权改编的媒介产品；需求侧为网络文学用户，也就是网络文学读者，并且从供需两侧的角度分析中国网络文学平台的版权运营模式。网络文学平台的供给侧在范围经济的作用下，将一个内容多元化经营、开发成不同的媒介产品后提供给用户，包括影视剧、游戏、动漫、实体书、有声阅读等；在网络文学平台的需求侧，用户有多元化的需求，需要不同的媒介产品来满足不同的阅读、娱乐场景需求。

为了实现供需两侧的高度匹配，网络文学平台在版权运营的前期要进行整体规划，包括关注市场导向、规划版权运营合作方式、注重改编质量，其中版权运营合作方式有授权开发、自主开发、联合开发等，授权开发即网络文学平台将版权改编权授权开发公司，自主开发即网络文学平台自制内容，联合开发即网络文学平台与其他企业通过版权入股、联合投资的合作方式，共同参与到内容制作及运营的过程中。在版权运营的过程中，要进行全程运营，不仅将运营贯穿全程，还要在改编的过程中实现联动运营。联动运营分为历时性运营和同步性运营，历时性运营是单线改编的版权开发模式，同步性运营是多领域同步推进的版权开发模式。在版权运营的后期，要注重粉丝的转化。

随着中国网络文学平台的不断发展，网络文学平台的版权运营模式也在不断发生变化。

在论坛式网络文学平台时期，用户版权意识比较淡薄，无偿转载传播网络文学，并且会将一些武侠、言情类的实体书以电子扫描的方式上传到论坛式网络文学平台上。这个时期创作网络文学是不以盈利为目的的。

在专业化网络文学平台时期，用户开始付费阅读网络文学，并逐渐出现了出售网络文学版权的影视改编权、游戏改编权、动漫改编权的现象，这个时期的网络文学平台偶尔扮演着“版权提供者”的角色。在这个阶段，针对网络文学版权运营，还没有一个系统化、全局化的运营方案，无法在开发前对网络文学版权做全面的价值评估，也无法在开发时实现资源的合理配置与有效互动，版权的售卖无序且杂乱、自发并零散，开发商对网络文学版权的开发是一次性且简单粗暴的，开发出的内容并不能体现出网络文学原有的价值，甚至还会消解版权价值。

盛大文学成立之后，提出了“全版权运营”的概念，旨在对网络文学版权进行多元化开发，深度挖掘网络文学版权价值，实现网络文学版权价值的最大化。盛大文学与传统出版社合作打造了“云中书城”数字图书馆，与上海图书馆合作并打造了移动端借阅平台“云中上图”；与聚石文华、华文天下、中智博文三家图书策划出版公司合作实体出版网络文学；开辟“锦书”布局阅读终端，丰富阅读场景。盛大文学对网络文学版权运营并没有最大限度地实现版权价值，还只停留在文学层面，通过将网络文学版权改编权出售给其他公司来进一步挖掘版权价值，并不具备真正的版权运营能力。

在BAT网络文学平台时期，BAT互联网巨头提出了“泛娱乐布局”，旨在实现“泛娱乐”产业的深度融合，开始真正的网络文学全版权运营。吴文辉曾在一次访谈中谈到，网络文学平台的核心是用户创造内容，只要平台上的用户需要，平台就会根据用户需求提供相应内容，由文到图，由图到视频，包括影视剧、游戏、动漫、有声阅读，甚至直播。目前，中国网络文学平台版权运营的现状，就是以网络文学版权为核心，开发成影视剧、动漫、游戏、有声阅读等内容产品，满足用户多元化需求，也就是用户需要什么内容，平台就提供什么内容，有效实现供需两侧的高度匹配。

在网络文学平台的双边市场中，一边是网络文学作者，另一边是网络文学用户。本书定义网络文学平台的双边分别为供给侧和需求侧，供给侧为网络文学作者生产的内容，以及由网络文学版权改编的媒介产品；需求侧为网络文学用户，也就是网络文学读者，并且从供需两侧的角度分析中国网络文学平台的版权运营模式。

如图3-1所示：

图3-1　网络文学平台版权运营的双边市场

第一节　供给侧：网络文学版权增值

网络文学平台一直在积极拓展网络文学的各项业务，不断生产与开发新的内容，扩大平台经营范围，进行多元化经营，实现范围经济。于是，中国网络文学平台在付费阅读的基础之上，进行网络文学版权运营，中国网络文学产业市场规模不断扩大。对网络文学版权价值的最大化挖掘可以带来多层次的付费窗口，可以为高黏性用户的价值提升带来机会。近几年，实体出版、影视、动漫、游戏、有声阅读的市场规模不断增长，这与网络文学为其提供内容资源有直接关系，2020年网络文学拉动下游文化产业总产值超过 1 万亿元。[①]范围经济下网络文学版权开发实现增值的过程，如图 3-2 所示：

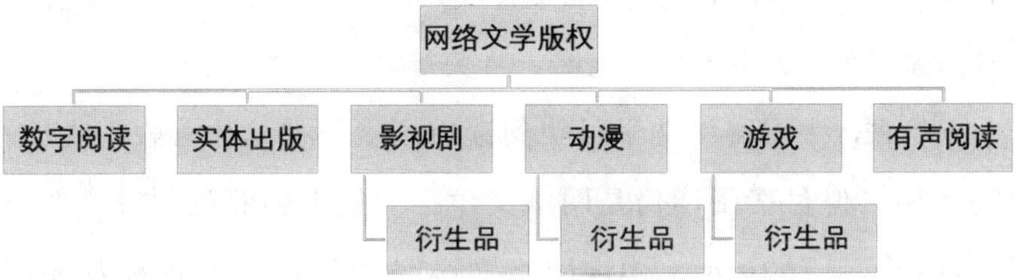

图 3-2　网络文学版权开发产业链

① 中国作协网络文学中心 .2020 中国网络文学蓝皮书 [EB/OL].（2021-06-02）[2021-08-12].http://www.chinawriter.com.cn/n1/2021/0602/c404023-32119854.html.

一、基础产品：数字阅读产品

网络文学平台最初依靠免费机制获取大量用户的关注，再将用户的注意力出售给广告商，通过广告收益来维持网站运营。然而，网络文学平台却无力支付作者工资，全凭作者个人兴趣在平台上写作、与用户交流，导致网络文学平台的内容储备不足，从而制约了平台上网络文学用户数量的增长，导致网络文学平台无法可持续发展。

随着用户对网络文学内容需求的不断提高，网络文学平台会提供一些个性化或专业化的产品或服务，这些产品或服务在本质上是区别于免费产品的，用户面对的是一个有差异的产品市场。比如，用户在免费阅读一些网络文学章节之后，在故事情节发展的高潮，若还想继续阅读，就需要付费。通过付费阅读的模式，作者与网络文学平台分成，很多网络文学作家凭借付费阅读收入成为中国网络文学富豪作家，例如唐家三少、天蚕土豆、无罪、月关等。

近年来，中国网络文学付费阅读市场规模在总体营收中占比在不断下降，但付费阅读仍是网络文学行业最主要的盈利模式之一。从 2016 年到 2020 年，中国网络文学付费阅读市场规模从 80 亿元增长到 198.7 亿元，如图 3-3 所示：

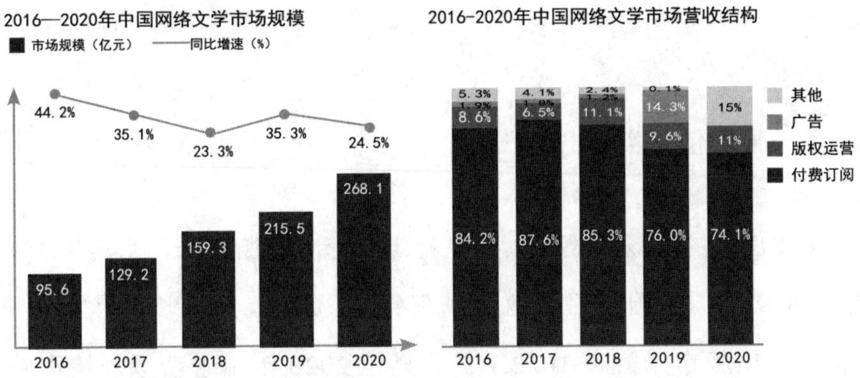

图 3-3　2016-2020 年中国网络文学市场规模及营收结构①

在付费阅读的基础上，网络文学平台又为某些重度网络文学用户提供个性化、定制化的服务，制订了差异化的付费模式，即用户在对网络文学进行付费阅读之余，还可为喜欢的作品和作者“打赏”。打赏是一种重要的盈利模式，不仅满足了重度网络文学用户的需求，进一步加强了作者与用户的互动，在增加作者和网站收入的同时还能激发作者创作优质内容的积极性。其中，月票是一种虚拟的打赏方式，用户可通过在平台付费充值的方式获得，充值越多可获得的月票数就越多。阅读之后用户可以用月票为喜爱的作品投票，总月票数排名靠前的作者可获得更多的奖励金。2020 年，阅文集团单日打赏超 10 万元的作品有 16 本，有 19 位作家在一年内收获超 100 位“盟主”（“盟主”是指在网络文学平台上打赏作品消费超过 1000 元人民币的用户）。《诡秘之主》获得的百万打赏打破了网络文学二十年的纪录，《万族之劫》

① 腾讯研究院 . 中国网络版权产业发展报告（2020）[R/OL].（2021-06-15）[2021-08-12].https://xw.qq.com/cmsid/20210616A0DGGI00.

拥有41万单月月票和827位“盟主”，是2020年打赏数额最高的作品。[①]

二、第一层增值：实体出版产品

实体出版的市场规模庞大且以稳定的速率不断增长，尤其从2015年至2019年，中国图书零售市场保持10%以上的增长率，2019年中国图书出版市场规模1022.7亿元，但2020年由于新冠疫情影响，首次出现负增长，市场规模降至970.8亿元。[②]实体出版市场的不断扩容与网络文学为其提供优质内容有关。

在意识到拥有可观阅读量及忠实粉丝的网络文学可为出版带来商业价值之后，图书出版商开始纷纷与网络文学平台及网络文学作者合作。也有一些网络文学平台自己打造实体出版公司，例如盛大文学进军出版领域后，创立了“聚石文华”图书销售有限公司，收购了“中智博文”“华文天下”两家图书发行公司，还注资北方出版传媒集团，成为中国最大的民营出版公司。

1998年，《第一次亲密接触》实现了网络文学的第一次实体出版，随后，《盗墓笔记》《鬼吹灯》《斗破苍穹》《官场笔记》等都成为销量颇高的实体出版书。《盗墓笔记（第一部）》被中国友谊出版公司实体出版，跃居图书畅销首位。《盗墓笔记（大结局）》出版后，南派三叔凭借实体出版的版税，在2010年作家富豪排行榜中排名第14，2011

① 《网络文学发展报告》课题组．2020年度中国网络文学发展报告[EB/OL].（2021-03-27）[2021-08-12]，https://new.qq.com/rain/a/20210327A0C3BE00.

② 张稚丹．《2020中国图书零售市场报告》解读：图书市场的危机与变局[EB/OL].（2021-01-31）[2021-08-12].https://m.gmw.cn/baijia/2021-01/28/1302075966.html.

年作家富豪排行榜中排名第 2，2012 年作家富豪排行榜中排名第 9，2013 年作家富豪排行榜中排名第 15，还获得了中国作家富豪榜的最佳冒险小说奖。《盗墓笔记》系列出版总销量超过了 1200 万册，并发行海外地区，《鬼吹灯》的图书销量破千万，《斗破苍穹》《官场笔记》的发行数量均超过 500 万。根据《2018 年中国网络文学发展报告》，截至 2018 年，网络文学实体出版纸质图书 8135 部。除了图书出版外，还有期刊连载、报纸约稿等方式，介绍并刊载优秀的网络文学作品，例如中国第一份网络文学学术期刊《网络文学评论》。

将网络文学版权进行实体出版是网络文学在文学领域最主要的变现方式之一，也是最早期的一种方式，通过授权版权或销售图书分成获取收益。

三、第二层增值：视听产品

（一）影视剧

中国影视剧可分为电视剧、电影、网络剧、网络大电影等四种类型，中国影视娱乐行业的市场规模稳步增长，2015 年到 2019 年市场规模从 1252 亿元增长至 2131 亿元，增长了近一倍，2019 年电视剧和网络剧的市场份额占比 61.4%，电影和网络大电影的市场份额为 38.6%。[①] 由于受新冠疫情影响，2020 年市场规模降至 1907 亿。影视剧的受众规模庞大，体现在电视媒体方面尤为突出，中国 4 岁及以上电视剧观众规模 12.81 亿人，全国家庭电视机拥有率达 95.7%，网络

① 张维佳 . 十张图了解 2020 年中国影视娱乐细分行业市场发展现状 网络电视剧增长迅速 [EB/OL].（2020-08-25）[2021-08-12].https://www.qianzhan.com/analyst/detail/220/200824-cdcc1cc2.html.

规模达 9.04 亿。[①] 根据上述数据，中国影视剧产业规模庞大，是整个泛娱乐行业中用户规模最大、覆盖面最广的。影视剧市场规模持续增长，有部分原因是网络文学为其提供不竭的内容源头。

影视剧产业的发展需要优质创新的内容作为基础，在遵循商业化运营的基础上，更倾向于翻拍经典小说来保证收益，网络文学的诞生为中国影视剧行业内容资源解了燃眉之急。网络文学已经具备较为完整的情节和人物设置，并且自身具有娱乐化的倾向、快节奏的故事情节和表现力，因此具备改编为影视剧的适应性。根据企鹅智酷发布的《IP 热潮与泡沫：网络文学 IP 价值判断报告》，最适合改编为电视剧的网络文学题材是言情浪漫、青春校园、穿越架空，最适合改编为电影的网络文学题材是科幻灵异、青春校园、都市职场。并且，网络文学在改编前就已具备一定的知名度，网络文学的“原著粉”可以被引流向影视剧，成为影视剧的收视保障。例如《择天记》有 26% 的网络文学用户过渡成为影视剧的用户。[②]

为迎合影视剧产业的需求，网络文学在生产创作就会考虑到改编影视剧的适应因素，在内容题材、故事架构、人物设定等方面做戏剧化处理。正如知名网络文学作家南派三叔所言：“诺贝尔文学奖并不是优质网络文学的目标，奥斯卡奖才是网络文学应该冲击的目标。”在网络文学改编影视剧的热潮下，很多改编剧都获得了不错的收视率或播放量。例如，改编剧《何以笙箫默》成为江苏卫视 2015 年度收视冠军，

① 看电视 . 尹鸿：电视剧行业发展现状与趋势展望 [EB/OL].（2020-10-31）[2021-08-12].https://www.sohu.com/a/428666191_211289.

② 华院分析 .IP 剧粉丝人群分析报告——《择天记》[R/OL].（2017-05）[2021-08-12].http://www.huaat.com/DataCapability_3/59aae63e668ef80196d7d4b7.

3 亿的单日网络播放量创电视剧单日网络播放量最高纪录，百度指数达 320 万。①《花千骨》成为湖南卫视的年度剧王，凭借着破 200 亿的网络播放量创造了电视剧史上的最高纪录，网络指数突破 300 万。②2018、2019 年热播度最高的 100 部影视剧中，42% 由网络文学改编。③2020 年热度最高的影视剧中，网络文学改编的比例提升至 60%。④

将网络文学改编为影视剧是网络文学版权开发获取商业价值最重要的方式，体现在电视剧发行、电影票房、视频平台分账收益、广告、影视剧衍生品等方面。

电视剧一般会选择在一两个电视频道或网络视频平台发行，在电视台发行需要各大电视台通过竞价争夺电视剧的播放权，其中首播权最贵，二轮播放权的价格相对便宜。网络发行是由独家视频网站或几家视频网站买断网络播放权，可同时播出。网络剧和网络大电影则只将播放权出售给视频网站，例如《陈情令》《庆余年》等都只在腾讯视频等网站播出，用户需要付费才能收看。发行播放权是影视剧获得增值的重要途径，例如《择天记》被卖出 1200 万一集的价格，《延禧攻略》的播放权被卖到 100 多个国家，每集播放权收益达 500 万。根据《2018 年中国网络文学发展报告》，截至 2018 年，由网络文学改编的电视剧 1471 部。根据“收视率排行”相关数据，自 2015 年以来收视率破 1 的，如表 3-1 所示：

① 百度百科 . 何以笙箫默 [EB/OL].[2021-08-12].https://baike.baidu.com/item/%E4%BD%95%E4%BB%A5%E7%AC%99%E7%AE%AB%E9%BB%98/13878975?fr=aladdin.

② 网易娱乐 .《花千骨》被赞周播剧王 网络播放量破 200 亿 [EB/OL].（2015-09-09）[2021-08-12].https://www.163.com/ent/article/B32G1O8S00032DGD.html.

③《网络文学发展报告》课题组 . 2020 年度中国网络文学发展报告 [EB/OL].（2021-03-27）[2021-08-12],https://new.qq.com/rain/a/20210327A0C3BE00.

④ 中国作协网络文学中心 .2020 中国网络文学蓝皮书 [EB/OL].（2021-06-02）[2021-08-12].http://www.chinawriter.com.cn/n1/2021/0602/c404023-32119854.html.

表 3-1　网络文学改编电视剧一览表

网络文学	作者	电视剧	电视剧出品公司	时间	收视率（时间）	市场份额
何以笙箫默	顾漫	何以笙箫默	上海剧酷文化传播有限公司	2015年	1.23%（2015年度）	3.16%
花千骨	fresh果果	花千骨	慈文传媒集团股份有限公司、上海慈文影视传播有限公司、北京爱奇艺科技有限公司	2015年	2.69%（2015年度）	17.77%
寂寞空庭春欲晚	匪我思存	寂寞空庭春欲晚	上海柠萌影视传媒有限公司、浙江梦幻星生园影视文化有限公司、上海柠萌悦心影视传媒有限公司、北京天行势坤文化传媒有限公司	2016年	1.17%（2016.6.22）	3.16%
欢乐颂	阿耐	欢乐颂（共2季）	东阳正午阳光影视有限公司、山东影视制作股份有限公司	2016年(第1季)/2017年(第2季)	第1季1.21%（2016.6.22）第2季1.61%（2017年度）	第1季3.48%，第2季5.47%
择天记	猫腻	择天记	上海腾讯影业文化传播有限公司、上海柠萌影视传媒有限公司、上海腾讯企鹅影视文化传播有限公司、上海阅文信息技术有限公司、上海柠萌悦心影视传媒有限公司、湖南快乐阳光互动娱乐传媒有限公司	2017年	1.12%（2017年度）	7.25%

续表

网络文学	作者	电视剧	电视剧出品公司	时间	收视率（时间）	市场份额
楚乔传	潇湘冬儿	11处特工皇妃	慈文传媒集团股份有限公司、上海蜜桃影业公司、上海克顿文化传媒有限公司、上海辛加迪影视有限公司、北京爱奇艺科技有限公司、飞狐信息技术（天津）有限公司、天娱传媒	2017年	1.74%（2017年度）	10.84%
三生三世十里桃花	唐七公子	三生三世十里桃花	上海剧酷文化传播有限公司、霍尔果斯嘉行影视文化有限公司、上海三味火文化传播有限公司	2017年	1.29%（2017年度）	3.69%
香蜜沉沉烬如霜	电线	香蜜沉沉烬如霜	北京完美影视传媒有限责任公司、幸福蓝海影视文化集团股份有限公司、霍尔果斯时代众乐影视传媒有限公司、霍尔果斯鲲池影业有限公司、重庆盛美、北京新片场传媒股份有限公司	2018年	1.13%（2018.7.30-2018.8.5）	4.3%
知否知否应是绿肥红瘦	关心则乱	知否知否应是绿肥红瘦	东阳正午阳光影视有限公司	2019年	1.57%（2019.2.1-2019.2.28）	5.69%
鬓边不是海棠红	水如天儿	鬓边不是海棠红	北京爱奇艺科技有限公司、东阳欢娱影视文化有限公司、北京句墨影视文化传媒有限公司	2020年	1.05%（2020.8.8）	4.02%

电影产业对于推动中国国民经济的发展具有重要作用，电影票房是体现电影能否受到市场欢迎的重要评估指标，票房收益由出品方和院线共同分成。根据《2018 年中国网络文学发展报告》，截至 2018 年，由网络文学改编的电影 1398 部。根据“猫眼票房”相关数据，近几年由网络文学改编电影，票房破亿的如表 3-2 所示：

表 3-2　网络文学改编电影一览表

网络文学	作者	电影	电影出品公司	上映时间	票房（亿）
西游·降魔篇	今何在、周星驰	西游·降魔篇	比高电影发展有限公司、文化中国传播集团有限公司、华谊兄弟传媒股份有限公司、威秀电影亚洲有限公司、安乐影片有限公司、中国电影股份有限公司	2013年	12.46
致我们终将逝去的青春	辛夷坞	致我们终将逝去的青春	华视影视投资（北京）有限公司、中国电影股份有限公司	2013年	7.19
匆匆那年	九夜茴	匆匆那年	北京小马奔腾影业有限公司、引力影视投资有限公司、北京光线影业有限公司、江苏凤凰联动影业投资有限公司、北京果然影视文化有限公司等	2014年	5.88
鬼吹灯之寻龙诀	天下霸唱	寻龙诀	万达影视传媒有限公司、华谊兄弟传媒股份有限公司、北京光线影业有限公司、亚太未来影视（北京）有限公司、浙江蓝巨星国际传媒有限公司	2015年	16.79
盗墓笔记	南派三叔	盗墓笔记	上海电影（集团）有限公司、乐视影业（北京）有限公司、南派泛娱有限公司等	2016年	10.03

续表

网络文学	作者	电影	电影出品公司	上映时间	票房（亿）
从你的全世界路过	张嘉佳	从你的全世界路过	北京光线影业有限公司、天津磨铁娱乐有限公司、天津橙子映像传媒有限公司、天津磨铁星亚影视传媒有限公司、霍尔果斯青春光线影业有限公司、霍尔果斯橙子映像传媒有限公司、上海拾谷影业有限公司、南京时间海影视文化传播有限公司	2016年	8.13
悟空传	今何在	悟空传	新丽传媒股份有限公司、天津磨铁娱乐有限公司、上海三次元影业有限公司、新丽国际传媒有限公司等	2017年	6.96
三生三世十里桃花	唐七	三生三世十里桃花	阿里巴巴影业（北京）有限公司、上海儒意影视制作有限公司、北京光线影业有限公司等	2017年	5.35
少年的你，如此美丽	玖月晞	少年的你	河南电影电视制作集团有限公司、拍拍文化传媒（无锡）有限公司、深圳市中汇影视文化传播股份有限公司、大津磨铁娱乐有限公司、我们制作有限公司、喀什嘉映文化传媒有限公司等	2019年	15.58
最好的我们	八月长安	最好的我们	中国电影股份有限公司、北京合瑞影业文化有限公司、微峰（上海）娱乐传媒有限公司等	2019年	4.17
诛仙	萧鼎	诛仙	新丽传媒集团有限公司、华夏电影发行有限责任公司等	2019年	4.05

视频平台分账收益是近几年产生的，较之以往视频平台购买播放权不同，视频平台不再与出品方产生版权交易，而是让影视剧直接在视频平台播放，用户在视频平台支付的会员费，作为视频平台与出品方的共同收益。不同视频平台与出品方的分账收益计算体系不同，例如腾讯视频和爱奇艺将“单集播放时长”作为重要的量化指标，优酷则将“会员有效播放次数”列入分成计算公式中。

由网络文学改编的影视剧，若具备一定知名度，往往会吸引大量的广告商到影视剧中来投放广告，为影视剧的制作带来充裕的资金支持。广告商通常会让自己的产品出现在剧中主人公的衣食住行中，潜移默化将产品信息传递给观众，或是在影视剧播放中途插播广告，以保障广告的有效投放。广告植入剧中，广告商需要给出品方支付广告费，若插播在视频平台，广告商则将广告费给视频平台，再由视频平台通过收益分账的方式与出品方进行分成。

影视剧衍生品在本节第四层增值中介绍。

（二）动漫

动漫产业被认为是“21世纪最具创意性和发展前景的产业”，为此中央出台了一系列扶持政策来推进中国动漫产业的进一步发展。例如2006年《关于推动我国动漫产业发展的若干意见》中提出了动漫产业发展的系统性政策，2008年《关于扶持我国动漫产业发展的若干意见》中提出了扶持民族原创的要求，2012年《关于延续动漫产业增值税政策的通知》中提出实行税收优惠政策，同年《“十二五”时期国家动漫产业发展规划》确定了中国动漫产业发展的基本思路和主要目标，2016 年《弘扬社会主义核心价值观动漫扶持计划入选项目的通知》中提出对动漫产业项目进行扶持计划，2017 年《“十三五”时期文化发展改革规划》中提出要将动漫产业市场化，2018 年《关于延续动漫产业增值税政策的通知》中提出要对动漫软件出口免征增值税，进一步刺激动漫产业的发展。从 2015 年到 2020 年，中国动漫产业总值从 1114 亿增长到 2500 亿，在线漫画市场规模从 0.7 亿元增长至 33.5 亿，在线动画市场规模从 10.3 亿元增长至 89.9 亿。2015 年至 2019 年，泛二次元用户规模从 2.2 亿增长到 3.9 亿，在 2020 年突破 4 亿大关。① 中国动漫市场规模强势增长，除了政策为其保驾护航外，还有部分因素是网络文学为其提供了创意源头，2021 年上线的 114 部动漫中，有 72 部来自于网络文学改编。

动漫产业快速发展，需要网络文学的内容资源作为素材与基础。最适合改编为漫画的网络文学题材有恋爱、耽美、魔幻、热血等，已占漫画改编总数的九成，漫画已深度绑定网络文学。② 这个现象在 2015 年之后尤其明显，许多漫画的题材都与网络文学的热门题材高度相似。由网络文学改编动画的题材多以玄幻、仙侠、武侠为主，已占动画改编的 14%。

改编自网络文学的动漫取得的成绩不菲。2015 年阅文集团斥资 5000 万将网络文学《择天记》改编为动画，这是国内第一次将网络文学改编为动画的尝试，第 1 集便以 1500 万点击量创下腾讯视频单集动画的最高纪录。2017 年由网络文学改编为动画的《全职高手》，在

① 易观 . 中国国产动画发展价值洞察（2021）. [R/OL].（2021-12-15）[2021-08-12], https://www.djyanbao.com/report/detail?id=2966099&from=search_list.

② 艺恩 . 中国动漫行业 IP 价值研究报告 [R/OL].（2017-09-11）[2021-08-12].http://www.199it.com/archives/631797.html.

腾讯视频和哔哩哔哩同步播出24小时后就突破了1亿的播放量，播出的最后一天点击量突破了9亿，创下了一个现象级的由网络文学改编动画的播放纪录。2018年，《斗罗大陆》动画在腾讯视频独播，26小时后播放量破2亿，26集播放量破33亿，现已突破300亿。2021年《斗破苍穹》系列动画总播放量突破100亿。根据《2018年中国网络文学发展报告》，截至2018年，国内45家网络文学平台改编动漫共计1281部。近年来，由网络文学改编为动漫的，如表3-3所示：

表3-3　网络文学改编动漫一览表

网络文学	作者	动漫	动漫出品/制作公司	上映（出版）时间
择天记	猫腻	择天记（动画5季）	腾讯视频、阅文集团（动画第1-2季出品），阅文集团、企鹅影视（动画第3-5季出品）	2015年（动画第1季）、2016年（动画第2季）、2017年（动画第3季）、2018年（动画第4季）、2020年（动画第5季）
莽荒纪	我吃西红柿	莽荒纪（动画、漫画）	骅威·深圳市第一波网络科技有限公司（动画出品）/莫问（漫画制作）	2015年（动画）/2014年（漫画）
灵域	逆苍天	灵域（动画5季）	北京爱奇艺科技有限公司（动画第1-5季出品）/上海绘界文化传播有限公司（动画第1-5季制作）	2015年（动画第1季）、2016年（动画第2、3、4季）、2017年（动画第5季）
从前有座灵剑山	国王陛下	从前有座灵剑山（动画2季、漫画）	腾讯动漫、上海绘界文化传播有限公司、Studio DEEN（动画第1-2季出品）/鲜漫动漫（漫画制作）	2015年（动画第1季）、2016年（动画第2季）/2014年（漫画）

续表

网络文学	作者	动漫	动漫出品/制作公司	上映（出版）时间
全职法师	乱	全职法师（动画5季、漫画）	阅文集团、腾讯视频（动画第1季出品），阅文集团、上海腾讯企鹅影视文化传播有限公司（动画第2-5季出品）/上海福煦影视文化投资有限公司（动画第1-5季制作）/腾讯动漫（漫画出品）/阅文漫画（漫画制作）	2016年（动画第1季）、2017年（动画第2季）、2018年（动画第3季）、2020年（动画第4季）、2021年（动画第5季）/2018年（漫画）
斗破苍穹	天蚕土豆	斗破苍穹（动画4季、漫画）	腾讯视频、阅文集团、上海宽娱数码科技有限公司（动画第1季出品），阅文集团、上海腾讯企鹅影视文化传播有限公司、万达影业（动画第2-4季出品）/上海福煦影视文化投资有限公司（动画第1季制作），上海幻维数码创意科技有限公司（动画第2-4季制作）/仜翔（漫画制作）	2017年（动画第1季）、2018年（动画第2季）、2019年（动画第3季）、2021年（动画第4季）/2012年（漫画）
全职高手	蝴蝶蓝	全职高手（动画2季、动画特别篇、漫画）	阅文集团、上海腾讯企鹅影视文化传播有限公司、东申（上海）影业有限公司、上海宽娱数码科技有限公司（动画第1季、特别篇出品），阅文集团、上海腾讯企鹅影视文化传播有限公司（动画第2季出品）/重庆视美精典影视动画有限责任公司（动画第1季制作），重庆彩色铅笔动漫设计有限责任公司（动画特别篇、第2季制作）/常盘勇者（漫画制作）	2017年（动画第1季）、2018年（动画特别篇）、2020年（动画第2季）/2015年（漫画）

续表

网络文学	作者	动漫	动漫出品/制作公司	上映（出版）时间
妖神记	发飙的蜗牛	妖神记（动画5季、漫画）	杭州美盛动漫有限公司、杭州若鸿文化创意有限公司、掌阅科技股份有限公司、杭州趣阅信息科技有限公司（动画第1季出品），杭州若鸿文化创意有限公司、杭州美盛动漫有限公司、上海宽娱数码科技有限公司（动画第2-4季出品），上海腾讯企鹅影视文化传播有限公司、杭州若鸿文化创意有限公司（动画第5季出品）/杭州踏雪动漫设计有限公司（漫画制作）	2017年（动画第1季）、2018年（动画第2、3季）、2020年（动画第4季）、2021年（动画第5季）/2015年（漫画）
斗罗大陆	唐家三少	斗罗大陆（动画、漫画）	上海腾讯企鹅影视文化传播有限公司、杭州玄机科技信息技术有限公司（动画出品）/杭州玄机科技信息技术有限公司（动画制作）/穆逢春（漫画制作）	2018年（动画）/2011年（漫画）
星辰变	我吃西红柿	星辰变（动画）	上海腾讯企鹅影视文化传播有限公司、阅文集团（动画出品）/上海福煦影视文化投资有限公司、苏州伊恩动漫有限公司（动画制作）	2018年（动画）
魔道祖师	墨香铜臭	魔道祖师（动画、漫画）	上海腾讯企鹅影视文化传播有限公司、北京视美精典影业有限公司（动画出品）/北京视美精典影业有限公司（动画制作）/上海腾讯企鹅影视文化传播有限公司（漫画出品）/浅夏动漫狂风吹裤裆（漫画制作）	2018年（动画）/2017年（漫画）

续表

网络文学	作者	动漫	动漫出品/制作公司	上映（出版）时间
琅琊榜	海宴	琅琊榜（漫画）	成都凯特世纪动漫制作有限公司（漫画出品、制作）	2018年（漫画）
武动乾坤	天蚕土豆	武动乾坤（动画2季、漫画）	阅文集团、上海腾讯企鹅影视文化传播有限公司（动画第1-2季出品）/上海幻维数码创意科技有限公司（动画第1-2季制作）/绿光（漫画制作）	2019年（动画第1季）、2020年（动画第2季）/2015年（漫画）
崩坏星河	国王陛下	崩坏星河（动画）	阅文集团，上海腾讯企鹅影视文化传播有限公司（动画出品）/上海咔咖文化传播有限公司（动画制作）	2019年（动画）
凡人修仙传	忘语	凡人修仙传（动画2季、漫画）	上海宽娱数码科技有限公司、金色世纪文化传媒无锡有限公司、克拉玛依金色天盛传媒有限公司、江苏原力数字科技股份有限公司（动画第1季出品），上海宽娱数码科技有限公司、霍尔果斯万维仁和传媒有限公司、克拉玛依金色天盛传媒有限公司、江苏原力数字科技股份有限公司（动画第2季出品）/克拉玛依金色天盛传媒有限公司、金色世纪文化传媒无锡有限公司、江苏原力数字科技股份有限公司（动画第1季制作），克拉玛依金色天盛传媒有限公司（动画第2季制作）/哔哩哔哩漫画（漫画出品）	2020年（动画第1季）、2021年（动画第2季）/2020年（漫画）

凭借着动漫产业的良好发展态势，将网络文学改编为动漫在进一步拓展二次元用户市场的同时，还可获得增值收益。网络文学改编为动漫获得增值的主要方式是发行、广告、动漫衍生品。

电视或网络视频平台播放动画片，需要购买动画片的播放权，漫画平台发行或出版社出版漫画，则需要购买漫画的发行权或出版权。出售播放权和出版权是网络文学改编动漫获得收益的主要方式之一。

广告也可使动漫获得增值，通过软性植入的方式与动漫内容贴合，或者定制专门的动画内容来体现产品特征，实现广告投放效果的最大化。

动漫衍生品在本节第四层增值中介绍。

（三）有声阅读

有声阅读是碎片化时间的占领者，具有音频强伴随性，收听场景丰富，可挖掘场景化消费需求。有声阅读的使用场景多元化，超过一半的用户在睡前使用有声阅读，用户在运动散步、做家务时、上下班通勤、驾驶途中、学习工作期间、亲子教育时使用有声阅读的比例分布均匀，在 19% 到 36.5% 区间不等。有声阅读满足用户在快节奏生活中的娱乐需求，以“调整情绪、安抚心灵”“轻松娱乐”“打发时间”为目的使用有声阅读的用户占比 59.2%。近几年，中国有声阅读的市场规模和用户规模不断扩大，市场规模已由 2016 年的 23.7 亿元增长至 2019 年的 63.6 亿元，2020 年达 95 亿，用户规模在 2019 年达 4.78

亿人，2020 年达 5.62 亿人。[①] 由此可见，“听书”成为一种新型阅读方式，并且有声阅读产业市场规模的大幅增长与网络文学为其提供大量内容资源有直接关系。

目前，网络文学版权所有者正在积极地与有声阅读渠道商强强联合，将网络文学改编成有声阅读，最大限度地吸引用户，这也会是网络文学改编未来营收的增长点。例如，阅文集团旗下的《斗破苍穹》《武动乾坤》《鬼吹灯 2》《全职高手》《扶摇皇后》《凰权》《超品相师》等网络文学作品均已改编为有声阅读，其中《超品相师》的点击量突破 25 亿，《斗破苍穹》的点击量突破 20 亿。2018 年，阅文听书新增上线自有版权有声内容 2200 余本，引进版权有声内容 5000 余本，授权版权有声内容 1800 余本。[②] 阅文集团通过稳定输出网络文学版权、加强版权合作的方式，开辟了网络文学版权的音频市场，实现了网络文学内容价值的进一步拓展和变现。

网络文学改编有声阅读获得增值的主要方式有内容付费、音频平台拓展线下衍生品、广告等。

有声阅读最重要的增值方式之一是内容付费。虽然大部分有声读物是免费收听的，但也有部分需要付费的有声读物，用户若想收听，就需要通过内容付费或支付会员费的方式获取内容，若认可内容还可进行打赏。

有声阅读平台拓展线下衍生品，通过线上音频和线下产品结合盈

① 艾媒咨询 . 2020 年中国有声书行业发展趋势研究报告 [R/OL].（2020-12-18）[2021-08-12].https://www.iimedia.cn/c400/75882.html.

② 阅文集团 . 2018 年网络文学发展报告 [R/OL].（2019-02-08）[2021-08-12]. http://www.199it.com/archives/834027.html.

利。例如喜马拉雅与科大讯飞合作推出智能终端产品，有儿童故事机、智能台灯、马桶等，还开发了车载声音盒子“随车听”，获得盈利。

广告是有声阅读平台最直接的盈利方式，广告通常以开屏广告、弹窗广告、音频植入广告等形式出现。

四、第三层增值：互动产品

中国网络游戏市场规模和用户规模逐年递增，从2016年到2020年，中国网络游戏行业市场规模从1655.66亿元增长至2786.87亿元，用户规模从4.17亿增长至5.18亿。[①]2020年，游戏产业占中国数字娱乐产业市场规模近一半的比例（49.8%），[②]成为中国数字娱乐产业最为关键的力量。中国游戏产业市场规模的不断增长，离不开网络文学为其提供充沛的内容来源。

游戏产业需要大量的内容题材迅速扩充资源库，而凭空架构人物角色和背景需要漫长的时间，所以网络文学改编对于游戏产业市场规模的增长具有深远的战略意义。网络文学的故事剧情、人物设定、角色设计等，都可直接移植到游戏中，尤其武侠、仙侠、玄幻题材的网络文学更具备游戏改编的适应性，不仅可以满足网络游戏对虚拟世界的架构需要，里面打斗、冒险、冲突的情节符合网络游戏玩家的心理。并且，网络文学还能为游戏引流用户，重度网络文学用户可把对网络

---

① 中国互联网络信息中心．第47次《中国互联网络发展状况统计报告》[R/OL].（2021-02-03）[2021-08-12]. http://www.cac.gov.cn/2021-02/03/c_1613923423079314.htm.

② 易观分析．中国20强游戏公司2020年年报分析：头部公司业绩增速向好，世纪华通蝉联A股游戏第一股 [EB/OL],（2021-05-20）[2021-08-12], https://www.analysys.cn/article/detail/20020112.

文学作品的阅读满足转化为参与到游戏过程中的体验满足，据统计，有接近三成的网络文学用户会成为改编游戏的用户。

在网络文学改编为游戏的过程中，会选择在网络文学领域最顶尖的一批作者，占网络文学改编游戏总量一半的比例，例如作家我吃西红柿的作品占比 8%，唐家三少占 6%，辰东占 4%，风凌天下占 4%，耳根、忘语、骷髅精灵、南派三叔、天下霸唱、鱼人二代的作品分别占比 3%。① 改编除了保证游戏自由度，还要尽量遵循原著。例如改编为游戏的《斗破苍穹》背景发生在以斗气、斗技功法为主的斗气大陆，游戏以剧情为基础，引入了原著中的十个阶别体系，罗列了斗者、斗师、斗灵、斗王、斗帝等角色等级，并且复原了原著中的家族势力、主城设定、门派技能等，保留了傀儡丹、金钱丹、经验丹、道具丹等道具，使游戏用户可在游戏中体验与原著完全相同的成长路线，获得满足感。根据《2018 年中国网络文学发展报告》，截至 2018 年，由网络文学改编游戏 701 部。近年来，由网络文学改编为游戏的，如表 3-4：

表 3-4　网络文学改编游戏一览表

网络文学	作者	游戏	游戏开发公司	发行时间
诛仙	萧鼎	诛仙（端游、手游）	北京完美时空网络技术有限公司（端游）/完美世界（北京）软件科技发展有限公司（手游）	2007年（端游）/2016年（手游）
星辰变	我吃西红柿	星辰变（端游、手游）	盛大游戏有限公司（端游）/福州靠谱网络有限公司（手游）	2011年（端游）/2019年（手游）

① DataEye. 2012-2015 年中国文学类 IP 手游研究报告 [R/OL].（2019-02-15）[2021-08-12]. http://www.199it.com/archives/445544.html.

续表

网络文学	作者	游戏	游戏开发公司	发行时间
凡人修仙传	忘语	凡人修仙传（端游）新凡人修仙传（手游）	广州市百游汇数码网络科技有限公司（端游）/深圳市凡盛网络科技有限公司（手游）	2011年（端游）/2022年（手游）
斗破苍穹	天蚕土豆	斗破苍穹（页游、手游）	成都页游科技股份有限公司（页游）/腾讯天美工作室（手游）	2012年（页游）/2018年（手游）
花千骨	Fresh果果	花千骨（页游、手游）	上海君游网络科技有限公司（页游）/成都天象互动科技有限公司（手游）	2015年（页游）/2015年（手游）
琅琊榜	海宴	琅琊榜（页游、手游）	成都朋万科技股份有限公司（页游）/乐元素科技（北京）股份有限公司（手游）	2015年（页游）/2015年（手游）
后宫·甄嬛传	流潋紫	后宫甄嬛传（手游）	蓝港互动集团有限公司（手游）	2015年（手游）
盗墓笔记	南派三叔	盗墓笔记（页游）/新盗墓笔记（手游）	上海游族信息技术有限公司（页游、手游）	2016年（页游）/2021年（手游）
醉玲珑	十四夜	醉玲珑（页游、手游）	福建智远时空网络技术有限公司（页游）/成都天象互动科技有限公司、爱奇艺游戏（手游）	2017年（页游）/2017年（手游）
择天记	猫腻	择天记（页游、手游）	无锡蛮荒网络科技有限公司（页游）/腾讯游戏（手游）	2017年（页游）/2018年（手游）
全职高手	蝴蝶蓝	全职高手（手游）	北京飞流九天科技有限公司（手游）	2017年（手游）
斗罗大陆	唐家三少	新斗罗大陆（手游）	上海玄霆娱乐信息科技有限公司（手游）	2018年（手游）

将网络文学改编为游戏是网络文学版权开发最重要的增值方式之一，通过下载付费、出售游戏点卡、销售虚拟商品、线下运营、广告、游戏衍生品等获得。

下载付费是用户通过支付费用从而获取游戏的下载使用权，这是网络游戏获得增值的方式之一。一般情况下，中国的大部分游戏下载免费，而国外的游戏下载需要付费，例如由 Ustwo Games Ltd 开发的解密类手游《纪念碑谷》的下载费用是 25 元，STEAM 平台的《星球大战绝地：陨落的武士团》游戏下载费用为 308 元。

对于下载不付费的游戏，出售游戏点卡、销售虚拟商品成为游戏的主要收入来源。游戏玩家购买游戏点卡后，将点数转换为时间进行消费，游戏内的道具等无须额外购买。针对玩游戏时长需求不同的玩家，游戏点卡有年卡、季卡、月卡、周卡、小时卡等。例如，《魔兽世界》游戏内容丰富，需要玩家花长时间去琢磨，所以玩家更适合购买点卡进行消费。出售游戏点卡是游戏获得增值较为稳定的一种途径，而销售虚拟商品则是较具爆发力的一种增值方式，游戏玩家虽然可享受时间免费，但要想获得更好的游戏体验，就需购买更多的虚拟商品。例如，由网络文学改编的角色扮演类游戏《花千骨》，用户通过充值购买体力丹、精铁、金宝箱、金钥匙等，来提升自己的战斗力。再如，由腾讯游戏天美工作室开发的竞技类游戏《王者荣耀》，用户需要购买游戏中的道具，包括符文碎片、英雄碎片、皮肤碎片，还有为英雄提供的皮肤装饰，才能有更好的游戏体验。

游戏的线下运营包括线下比赛和线下实景体验等方式。例如《魔兽争霸》的线下比赛覆盖全球，游戏运营商通过设置高额的奖金吸引游戏玩家参与比赛，通过向观看比赛的观众收取门票费来获取利润。

《盗墓笔记》举办了“全景式盗墓体验嘉年华（重庆站）——盗墓之旅”活动，体验者支付门票费进入实景体验馆，体验游戏通关。游戏的线下运营还能进一步实现对游戏的宣传和推广，增加该款游戏的用户覆盖面。

游戏植入广告是结合游戏产品的主题、背景、内容、道具、场景等而定制的广告形式。玩家可以在游戏中切身体验产品的特性，将广告作为游戏环节的一部分，或成为游戏中必不可少的工具。对于无内购系统的游戏，广告变现则是游戏最重要的增值方式，用户收看广告可以获得加速成长的道具奖励。

游戏衍生品在本节第四层增值中介绍。

五、第四层增值：衍生品

在美国、日本等国家，衍生品的开发创造了巨大的价值，版权开发总收入的 70% 都来自于衍生品，远远超过票房等收入。在衍生品行业，对影视剧、动漫、游戏衍生品的开发力度较大，主要通过版权授权或售卖衍生品获取收益。例如在影视剧衍生品开发方面，迪士尼《星球大战》通过衍生品获得的利润（320 亿美元）是全球票房总收入（64.9 亿美元）的近 5 倍，《赛车总动员》的衍生品收入（100 亿美元）是全球票房总收入（10.2 亿美元）的近 10 倍，《玩具总动员》的衍生品收入（90 亿美元）是全球票房总收入（19.7 亿美元）的 4.5 倍。《冰雪奇缘》的衍生品收入（53 亿美元）是全球票房总收入（12.8 亿美元）的 4 倍多，其中 Elsa 公主的裙子就创造了 4.5 亿美元的价值，其他衍生品仍以每年 10 亿美元的增幅为迪士尼创造收入。[①] 为了促销衍生品，迪士尼公司还将衍生品店设在场景体验的出口处，旨在将消费者的体验记忆和角色感受转化为购买力，使消费者获得“余热”的满足感。在动漫衍生品开发方面，日本东映公司在制作一部动画片之前都会先做好动漫衍生品的开发方案，甚至将衍生品早于动画片推出市场，例如哆啦 A 梦、名侦探柯南、火影隐者、美少女战士等被制成玩具，或是印在文具、衣服、生活用品上，动漫衍生品热销所获得的巨大收益为日本动漫产业提供了资金保障，甚至远高于动画片和漫画所创造的价值。在游戏衍生品开发方面，《英雄联盟》将游戏内的人物形象进行衍生品开发，制作成“手办”，包括雕塑、毛绒玩偶、服饰、生活周边用品等，这些“手办”成本低，却借助游戏的热度获得高收益经济回报，例如《英雄联盟》中的卡牌大师的售价高达 1500 元人民币。

以前，中国只把衍生品开发当作网络文学版权开发的辅助性产业，衍生品开发时间大多晚于影视剧、动漫、游戏制作。目前，中国在衍生品开发方面已有突破性进展，例如阿里文学依托电商，实现了《三生三世十里桃花》衍生品销售额突破 3 亿元的预期。2018 年中国衍生品授权商品零售额达到 70 亿，增长率近 10%，对标美国和日本，中国衍生品的市场发展空间有望为当前 3 倍，具有巨大的发展潜力。[②]

今后，我们应加大在衍生品开发时间、资金、精力的注入，以确

---

① 艺恩 . 消费升级时代下的影视内容行业趋势洞察 [R/OL].（2017-09-19）[2021-08-12].http://www.199it.com/archives/634675.html.

② 艾瑞咨询 . 中国娱乐内容 IP 衍生产业研究报告（2019 年）[R/OL].（2019-10-10）[2021-08-12].http://report.iresearch.cn/report_pdf.aspx?id=3447.

保创造更大的价值。中国在衍生品设计开发时，应与产业巨头合作，因为这些大型公司具备更精准的市场洞察力、更成熟的运作模式、更专业的研发团队，以及在衍生品开发、设计、生产、销售等环节拥有丰富的经验，不仅能够保障衍生品的质量，还能促进衍生品的销售，降低开发风险。并且，衍生品开发要抓住黄金期。从一部影视剧的宣传预热到播出后的热度，衍生品的销售生命周期可持续 3 个月。也有一些影视剧的影响力较大，消费者的关注度和热情随之延长，衍生品的销售生命周期持续时间则比较久。所以衍生品销售可提前至与影视剧动漫播出、游戏上线同步进行，并与淘宝、天猫等电商平台进行合作，增加营销渠道，以最快的速度抢占衍生品市场，并杜绝衍生品版权盗版侵权的现象发生。

除了开发衍生品之外，我们还应该向迪士尼学习，建立主题乐园。主题乐园的线下体验可带动收入，在新冠疫情之前的 2019 年，迪士尼主题公园营收 258 亿，占迪士尼总收入 37%，是最大的业务板块。目前，华谊兄弟已布局影视文化城以及电影世界等线下实景，模仿“环球影城”，打造文化地产项目。

第二节　需求侧：网络文学用户需求多元化

为了获得更大的用户规模，需要了解中国网络文学用户的多元化需求。本书通过对多家互联网数据中心发布的研究报告进行汇总分析，描绘了中国网络文学用户的典型画像并分析了其延伸化需求。

一、网络文学用户的典型画像

根据中国互联网络信息中心发布的第47次《中国互联网络发展状况统计报告》，从2016年到2020年，中国网络文学用户从3.3亿增长到4.6亿，2020年占中国网民规模总数的46.5%。根据Mob研究院的《2020年移动阅读行业研究报告》，中国网络文学用户的典型画像是：用户群体年轻化，男性居多，多以专科、本科学历等中低消费人群为主，职业多为白领及学生，发达城市用户偏好度高。

中国网络文学用户具有年轻化特征。中国网络文学用户的年龄分为18岁以下、18～24岁、25～34岁、35～44岁、45岁以上五个阶段，25～34岁的用户为主要群体，占总人数的44.2%，18～24岁用户偏好度最高，占比为19.8%。

中国网络文学用户的男性比例较高。男性用户占比6成，高于女性用户，出现这种现象的原因可能是近几年玄幻类、武侠类题材的网络文学较多，导致男性用户规模上升。

中国网络文学用户的学历以专科、大学本科为主。中国网络文学用户中专科、大学本科用户占比较多，分别为41.1%、35.1%，高中及以下学历或硕士及以上学历的用户占比少，分别为20.1%和3.7%。由此可见，专科及大学本科学历人群是互联网活跃分子，同时也是网络文学的重度用户和主要消费者，他们对于新鲜事物有快速的反应能力。

中国网络文学用户中低消费人群较多。月收入低于5000元的网络文学用户占比近6成，尤其是月收入低于3000元的网络文学用户偏好度较高，月收入高于10000元的网络文学用户占比仅不到10%。由此可见，网络文学用户以中低及低消费人群为主，在数字阅读领域可供支配的经济数额有限。

中国网络文学用户中企业白领、学生较多。中国网络文学用户中白领占比最高（44.2%），在读学生次之（22.1%），阅读偏好度最高的为白领和自由职业者。网络文学用户中职业为教师、医生、政府及事业单位的占比最少，总和不到10%。由此看出，用户分布和各类职业人群的规模有关，同时也与不同职业的空余时间长短有一定的联系。

中国网络文学用户多在一线城市。经济发达、人口众多、教育文化氛围浓厚的一线及新一线城市的网络文学用户阅读偏好度最高，占比分别为9.4%和18.7%。

二、网络文学用户的多元化需求分析

根据艾瑞咨询发布的《中国网络文学行业研究报告（2016年）》，在网络文学版权运营的双边市场中，用户的需求具有多元化特征，需要不同的产品或服务来满足自身需求，所以需将网络文学改编为影视剧、动漫、游戏、有声阅读等媒介产品。

（一）影视剧

影视剧的用户群体较为广泛，可覆盖网络文学用户。随着互联网的发展，在线视频网站成为重要的播放平台，根据云合数据发布的《2020年连续剧市场网播表现》，平台用户平均年龄28岁，20～29岁用户群体占比约45%，女性用户超60%，在年龄方面与网络文学用户的特征基本吻合。在网络文学用户中，有51%的用户表示希望将网络文学改编为电影，46.5%的用户希望将网络文学改编为电视剧，电影改编的意愿高于电视剧改编。用户对网络文学改编电影最看重的是演员阵容（占比45%），之后是剧情人物、用户评分、导演制作团队、票价、网络文学作者推荐等因素。网络文学用户愿意为网络文学改编影视剧的付费意愿较高。

（二）动漫

根据Mob研究院发布的《2020二次元用户洞察》，中国动漫用户男性略多于女性，年龄集中于18～24岁，以学生、白领为主，收入小于3000元、新一线用户群体占比较高，与网络文学用户的特征高度相似。网络文学用户对于将网络文学改编为动漫的期待高，53.2%的网络文学用户表示会看，35.8%的网络文学用户表示可能会看，其中动画电影是用户最期待的类型，占比82.4%。在网络文学改编成动漫的过程中，用户最看重的是改编动漫与原网络文学的契合度，以及人设画风、制作团队、推荐者等。网络文学用户愿意为网络文学改编动漫的付费意愿较高。

（三）游戏

根据艾瑞咨询发布的《中国移动游戏行业研究报告（2020年）》，中国移动游戏用户男性占比近6成，35岁以下用户占比8成，与网络文学用户具有较高的同质性。网络文学用户对于将网络文学改编为游戏的意愿较高，43.8%的用户表示会玩，42%的用户表示可能会玩，其中，手游是网络文学改编成游戏之后最被期待的方式。将网络文学改编为游戏，用户考虑最多的是核心玩法（占比近50%），之后是题材、是否付费、用户评分、画面以及原网络文学等因素。网络文学用户愿意为网络文学改编游戏付费的意愿较高。

（四）有声阅读

根据艾媒咨询发布的《2020年中国有声书行业发展趋势研究报告》，有声阅读的用户男性占比近6成，女性占比4成，30岁以下的占用户总数一半，专科及大学本科学历者占比近8成，一线及新一线城市用户占比近一半。从用户特征来看，有声阅读用户与网络文学用户有高度的重合性。网络文学用户对于将网络文学改编为有声阅读的期待高，28.6%的用户表示非常愿意，39.7%的用户表示比较愿意。有声阅读用户偏好轻松娱乐类内容，悬疑探案类、武侠玄幻类、都市言情类题材的网络文学是有声阅读进行版权改编的重点。

第三节　匹配供需两侧的网络文学版权运营模式

为了满足网络文学用户的多元化需求，实现供需两侧的高度匹配，网络文学平台在付费阅读的基础上进行全版权运营，扩大自己的经营范围，从而获得更多的用户规模，获得更多价值。网络文学平台需要在运营前期整体规划、运营过程中全程跟进、运营后期注重粉丝的转化。

一、整体规划

整体规划是形成系统化、专业化网络文学版权运营体系的基础，不仅为网络文学版权选择最合适的开发形式，确定版权运营合作方式，还可有效保障产业链各环节的联动配合。例如，阅文集团推出“作品制作人”制度，其核心在于为网络文学版权提供专业化、定制化运营方案，由包括作者、编辑、运营、商务、公关等在内的专业制作人团队对改编形式、改编节奏、合作方的选择等进行统筹监管，使网络文学版权改编更加多元化，传播渠道更广泛，产生效益最大化。

整体规划需要做到：第一，在开发前，根据网络文学平台的大数据分析，确定网络文学版权开发的市场导向，制定网络文学全版权运营方案。第二，规划网络文学版权运营合作方式。第三，选择合适的网络文学改编形式和版权开发公司，以确保改编质量。

（一）关注市场导向

网络文学平台因用户规模庞大，因而具有很强的大数据基因，通过搜集用户的阅读行为偏好、付费节点等多维数据，可为每个用户描绘数据肖像，为网络文学的推送或改编提供科学化的指导，满足用户需求。一方面，网络文学平台精准定位用户，推送适合用户的内容，让用户需要的书主动出现在用户视野中，从而获得更多关注。从“人找书”的模式变为“书找人”模式，用户不再只根据网络文学点击排行榜来寻找书籍，有效避免了“中心化”阅读。另一方面，网络文学平台根据平台上的大数据分析用户需求，针对市场需求进行内容孵化，包括市场及内容定位、题材选择、改编开发形式、营销方式等。再通过大数据获取用户对改编作品的侧重点、偏好度，为下游公司版权开发提供指导意见。例如，根据行业数据报告，近几年《搜神记》《蛮荒记》《斗破苍穹》等玄幻类作品大受欢迎，用户关注量大。为满足市场需求，阅文集团根据用户偏好孵化了玄幻类题材的网络文学《择天记》，并进行了影视剧、动漫、游戏等改编，根据大数据请来最受用户喜爱的演员鹿晗和古力娜扎，有效将大数据转化成了生产力。

（二）规划合作方式

与以往单纯出售网络文学版权不同，网络文学平台开始参与到网络文学的版权运营中，网络文学平台要规划与其他企业合作运营版权的方式：第一种是授权开发，即网络文学平台将版权改编权授权给开发公司；第二种是自主开发，即网络文学平台通过企业内部的渠道资源和媒体资源，自制内容；第三种是联合开发，即网络文学平台与其他企业合作运营网络文学版权，通过版权入股、联合投资的方式，共同参与到版权运营及后期制作的过程中。

第一，授权开发。对于原创于网络文学平台的版权，网络文学平台可将版权改编权分别授权给影视、游戏、动漫公司进行开发。授权开发是网络文学平台版权运营合作方式中最常见的一种，例如阅文集团将旗下《花千骨》的影视改编权授权慈文传媒，《吞噬星空》的游戏改编权授权中手游，2020 年阅文集团授权了 200 余部网络文学版权改编权。

第二，自主开发。网络文学平台运用企业内部产业链，自主开发版权，自制内容。例如，阅文集团于 2018 年收购新丽传媒，这一举动是阅文集团实现自主开发影视剧的重要举措，自此建立了影视内容开发产业链，实现对内容的主投主控，为版权价值最大化提供了可能。新丽传媒制作了《斗罗大陆》电视剧，位居腾讯视频热搜榜、电视剧榜首位，除了在影视剧自主开发领域布局外，阅文集团还自主开发了《新斗罗大陆》手游，5 个月流水破 4 亿。

图 3-4 《斗罗大陆》电视剧海报

第三，联合开发。网络文学平台在技术、传播渠道、版权延伸等方面，与专业的影视剧制作公司、游戏开发公司、动画制作公司等进行开放式合作，联合开发网络文学版权，利用各自的资源优势和运营能力，生产更加优质的内容。联合开发可通过版权入股、联合投资的方式实现：第一，版权入股方式，即作者或网络文学平台通过提供版权的方式参与到运营过程中。例如南派三叔提供了《勇者大冒险》的版权，与腾讯游戏、腾讯动漫、像素软件组成了版权委员会，共同运营并负责版权的授权、开发、使用等，共同分享版权收益，其中，腾讯负责大数据分析和粉丝运营，南派三叔负责各类产品的品控监修以确保内容的整体统一，像素软件负责动画和游戏的开发。目前已有多个影视和游戏领域的伙伴加盟《勇者大冒险》的开发。第二，联合投资方式，即网络文学平台用投资的方式参与到版权运营中来，与合作方共同投资、联合出品。例如，阅文集团推出了的“IP 共营合伙人制度”，与合作方寻求深层、长线的合作运营，《全职高手之巅峰荣耀》就是阅文集团与万达影视、哔哩哔哩、融创影视、映景文化联合出品的动画电影。

图 3-5 《全职高手之巅峰荣耀》动画海报

（三）注重改编质量

一个好的网络文学作品需要具备三种要素，即世界观、创新性、故事性，才可以被开发成不同形式的媒介产品，体现出更大的价值。而在网络文学版权开发的过程中，要更注重改编作品的质量，为网络文学版权价值加分，而不是消耗版权价值。例如，人气剧《琅琊榜》就是以高品质著称，十分注重改编质量。在服装方面，针对不同阶层、年龄的人，从服装图案到布料、颜色等，都进行了不同的设计；在礼俗方面，聘请专门研究古代礼仪的团队担任礼仪指导；在摄影方面，从前期布景，到拍摄时运用能够烘托氛围的精美构图，使电视剧画面

图 3-6 《琅琊榜》电视剧海报

图 3-7 《欢乐颂》电视剧海报

如画般唯美。现代剧《欢乐颂》的改编也是制作精良，尤其体现在道具方面。例如，曲筱绡因看病遇到赵医生，要来的名片中，赵医生的头衔、电话、名字都可以一一对应，甚至还可以根据名片中的电话号码搜索出他的微信号码。剧中人物的微博也是真实存在的，从电视剧开拍到播出，剧中的主要人物都是通过微博互动，还与观众互动，让观众相信剧中的人物就存在于现实生活中。这部网络文学改编剧的题材、人物、道具，都给观众很强的代入感，仿佛剧中的人物就在我们身边真实存在一样。

原著小说的成功会使观众对改编作品的期望值更高，若制作团队对改编质量不重视，没有将作品中本该呈现的奇幻剧情、复杂场景等表现出来，那么改编剧则会消耗网络文学版权的价值。所以网络文学平台要本着改编质量优先的原则选择开发公司。

二、全程运营

网络文学平台要对版权全程运营，不仅使创作的内容满足影视剧、动漫、游戏等改编的需要，还要保证在改编的各个环节相互配合、互动营销，尤其在剧情内容方面协同发展，达到快速聚集粉丝、满足市场需求的目的，以期最大效率地实现网络文学版权的影响力和价值。

（一）贯穿全程

阅文集团在网络文学《择天记》连载前就为其制定了整体运营方案，将运营策划贯穿全程，参与到电视剧、电影、动漫、游戏、实体书、舞台剧、衍生品等开发的各个环节中，保证改编内容风格的统一性。

《择天记》是由知名网络文学作家猫腻创作的，这部玄幻类作品架空历史，讲述了一个名叫陈长生的孤儿为了改写命运来到人间，历经重重困难最后成为强者、拯救苍生的故事。《择天记》从2014年5月开始连载，为了在更多渠道传播，猫腻将《择天记》的转载权授予起点中文网、笔趣阁、番茄小说网、啦啦文学网、顶点小说等数十个网络文学平台，以保证《择天记》的传播覆盖范围。

2014年5月，腾讯文学宣布将《择天记》动画化，这成为国内首次将网络文学改编为动画的案例。腾讯之所以将《择天记》改编的第一站选择为动画，是因为当时中国的二次元用户已经高达2.19亿，动漫市场潜力巨大，以此获得更多用户关注。阅文集团旨在通过改编《择天记》开拓二次元市场，为动画制作配备了高水平开发团队：《择

图 3-8 《择天记》动画海报

天记》的动画制作方是《火影忍者》的日本株式会社 AREA81，由曾经制作过《海贼王》《网球王子》《圣斗士星矢》的青钵芳信、小林胜利、井口忠一为《择天记》作画，上海福熙影视、唐音工作室、上海锐懿动漫设计制作有限公司、音熊联盟工作室均参与了《择天记》的制作。《择天记》动画播出后，关于《择天记》、猫腻、阅文集团的百度指数分别增加了 32.12%、10.68%、531.58%。①

2015 年 5 月，阅文集团与上海朋艺文化传播有限公司合作，制作完成了《择天记》的舞台剧。2015 年 7 月，《择天记》的漫画开始在大角虫漫画 APP 连载。2015 年 9 月，阅文集团与吉林美术出版社合

① 易观. 中国网络文学版权运营专题研究报告（2016）[R/OL].（2016-06-27）[2021-08-12].https://www.analysys.cn/article/detail/1000110.

作出版了 10 万册《择天记》的纸质图书。

2016 年，腾讯影业、柠萌影业、企鹅影业、阅文集团、柠萌悦心、湖南卫视联合打造电视剧《择天记》，在改编之前，影视剧制作方就对其进行了大数据分析：根据《择天记》在社交平台的指数显示，有 90% 的女性搜索过《择天记》，百度指数中有 98% 的男性阅读了此部网络文学，《择天记》的题材和故事内容吸引较多男性用户，为了能够打破男性用户的局限性，制作方选用人气演员鹿晗来吸引女性用户。通过对网络文学用户的阅读行为分析，描绘用户的画像，制作方量身定制了《择天记》的开发方案。2017 年 4 月，《择天记》在湖南卫视播出，与此同时在腾讯视频、芒果 TV、爱奇艺、乐视网、搜狐视频、优酷六大平台联合播出，湖南卫视首播收视率达 1.041%，六大平台播放量上线 10 小时破 2.1 亿。① 截止到 2017 年 5 月 19 日，《择天记》单集播放量最高达 2.4 亿，日播量最高达 8.9 亿，平均日播量为 4.5 亿。② 截止到 2017 年第二季度，微博话题 # 择天记 # 共产生了 42.2 亿阅读量和 1184.4 万讨论量。③

①③　艾瑞咨询 . 中国数字阅读行业季度报告（2017 年 Q2）[R/OL].（2017-09-14）[2021-08-12]. http://report.iresearch.cn/report_pdf.aspx?id=3060.

②　华院分析 .IP 剧粉丝人群分析报告——《择天记》[R/OL].（2017-05）[2021-08-12].http://www.huaat.com/DataCapability_3/59aae63e668ef80196d7d4b7.

图 3-9 《择天记》电视剧海报

与影视剧改编同步，无锡蛮荒网络科技有限公司根据已有的故事情节对《择天记》进行游戏改编，2017 年成功上线《择天记》页游。腾讯游戏对《择天记》进行手游开发，于 2018 年发行。此外，《择天记》的有声阅读在 56 听书网、喜马拉雅、好看听书网等平台上连载。同时，也陆续推出衍生品，例如《择天记》的口罩、项链、书签、充电宝、笔记本、海报等。

《择天记》的运营贯穿全程，以网络文学为源头，秉承着“一个内容、多次开发”的版权运营理念，开发成了影视剧、动漫、游戏、有声阅读、实体书，并且让网络文学与影视剧、游戏、动漫等在内容上产生互动并联动推广，打破网络文学版权运营各环节的渠道壁垒，促进各渠道粉丝互通共融、互相转化，实现规模化的用户量。

（二）联动运营

根据网络文学版权联动运营顺序的不同，可分为历时性运营和同步性运营两种。

1. 历时性运营

历时性运营是指按照单线改编的模式将版权开发为其他形态的媒介产品，开发顺序可以变化。在网络文学版权的开发过程中，往往先将网络文学改编为动漫，以扩大影响力、聚集更多的粉丝，完成原始用户的积累；当原始版权已经发挥出一定的影响力之后，进一步扩大它的价值，将网络文学版权进行影视剧改编或者游戏改编，这是版权开发最盈利的部分；当它发挥出品牌影响力，就可以再进行网络剧、舞台剧、主题公园、衍生品的开发。如图 3-10 所示。《全职高手》是历时性运营的代表：2012 年湖北少年儿童出版社出版《全职高手》的纸质版图书，2015 年 4 月北京飞流九天科技有限公司开发《全职高手》手游，2015 年 9 月大角虫漫画开始连载《全职高手》漫画，2015 年 11 月重庆视美精典影视动画有限责任公司和重庆彩色铅笔动漫设计有限责任公司开发《全职高手》动画，于 2017 年上线第一季。2019 年 7 月企鹅影视发行《全职高手》电视剧，2019 年 8 月《全职高手》电影上线。

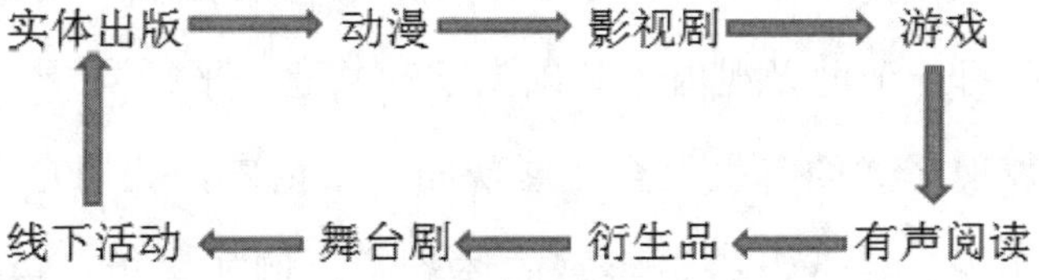

图 3-10　网络文学版权历时性运营流程图

在历时性运营的过程中，也会出现“影游联动”“动游联动”“影漫游联动”等多种运营方式，在全程运营整体保持历时性特点的同时，将产业链中的几个环节同步改编，并联动推广，实现“1+1>2”的传播效果。例如，《斗罗大陆》于2008年问世，在起点中文网连载期间多次登上月票榜榜首，2011年《斗罗大陆》成为第一部被改编为漫画的网络文学，漫画单本销量过百万册。2018年，《斗罗大陆》被同步开发为动画和手游，手游中的独家信息会在动画片中直观呈现出来，例如唐三、小舞等人气角色、星斗大森林副本活动等。《斗罗大陆》的“动游联动”实现了动画开播每周破亿、手游月流水突破6000万的好成绩。粉丝们不仅可以在动画和手游中感受全方位的《斗罗大陆》，作者唐家三少还会在微信公众号发布《斗罗大陆》的番外故事，让粉丝揣摩剧情、破解谜团，实现“看小说玩游戏赏动画”的运营模式。之后，《斗罗大陆》的电影和电视剧相继上线，并进行T恤、手机壳、抱枕等衍生品的周边开发。

2. 同步性运营

同步性运营即多领域同步开发，基于一个网络文学版权，同步进行影视剧改编、动漫改编、游戏改编、实体出版等，各内容产品之间相互推进剧情，共建内容。如图3-11所示。《勇者大冒险》是全球首个同步运营的案例，2015年《勇者大冒险》的游戏、动漫、小说同步上线，在同一个世界观内核基础上互动共建、平行演绎、深度联动，通过不同表现形式的有机组合，展现同一个内容，让用户可同时消费动画片、小说、游戏，打造丰富的体验感。例如鉴于《勇者大冒险》动画中的主角之一“神荼”在动漫粉丝中的高人气，像素软件就将它纳入手游中，使动漫粉丝与游戏产生关联，从而推动游戏热度提升。

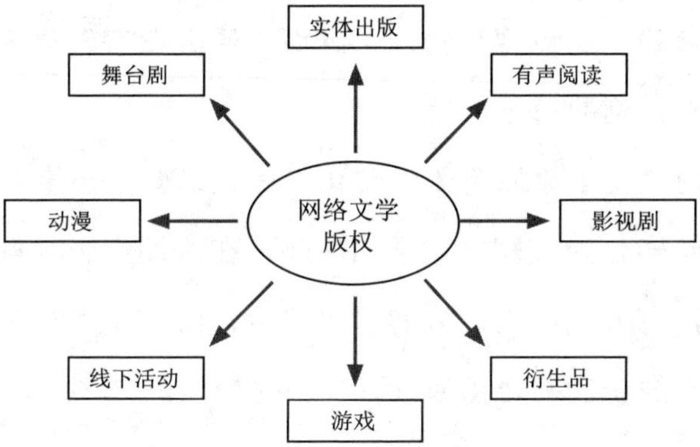

图 3-11　网络文学版权同步性运营流程图

三、粉丝转化

网络文学版权运营的目的是在满足不同用户对内容需求的基础上，实现版权价值增值。粉丝用户是网络文学、作者或明星的重度支持者，粉丝转化是版权变现的重要一环，所以要在版权运营后期最大限度地转化粉丝。

网络文学自身带有原始粉丝，所以版权运营首先要注重“原著粉”转化，将网络文学的粉丝转化为影视剧、游戏、动漫、有声阅读的粉丝，与此同时还要吸引新的粉丝。例如《三生三世十里桃花》连载于晋江文学城，曾入选“2016 年中国 IP 价值榜-网络文学榜 top10”，在《2017 猫片胡润原创文学 IP 价值榜》中排名第 11。小说讲述上古神话里青丘帝姬白浅和九重天太子夜华三生三世的爱恨情仇，其中描述的生活场景、描绘的古风场景，满足了女性用户对于爱情的向往以及对仙侠生活的想象，吸引了一大批女性“原著粉”。“原著粉”对于小说的关注度高，当《三生三世十里桃花》将要改编为影视剧时，就满足了“原著粉”的可视化需求，继而“原著粉”转化为《三生三世十里桃花》影视剧的粉丝。

除了将网络文学“原著粉”转化，版权运营方还会将知名网络文学作者的粉丝转化为该网络文学的粉丝，在改编为影视剧时选用明星演员和导演，有人气的出品方和播出平台，将明星演员和导演、出品方、播出平台的粉丝都转化为该影视剧的粉丝。

《三生三世十里桃花》是唐七的成名作，因此聚集了一定规模的粉丝群，随后在唐七创作《华胥引》《三生三世枕上书》等作品时，唐七的原始粉丝就会关注她的新作品，除了这些小说质量优质外，唐七作为作者的影响力也是小说获得超高人气的因素之一。唐七现有微博粉丝 108 万人，这些粉丝都是她新作品的潜在用户粉丝群。

在《三生三世十里桃花》改编为电视剧的过程中，选用具有人气的知名优质演员，将演员的粉丝成功转化为影视剧的粉丝。《三生三世十里桃花》的电视剧由杨幂、赵又廷主演，杨幂的微博粉丝超过 1.1 亿，赵又廷的微博粉丝近 1300 万，单就这些明星本身的影响力，就已经饱受粉丝期待，明星在影视剧上映时积极宣传，因此作品可获得很高的关注度。例如，从宣布参演到电视剧播出完毕，杨幂个人微博账号为《三生三世十里桃花》发布微博 19 条，赵又廷个人微博账号发布相关微博 15 条，嘉行杨幂工作室为《三生三世十里桃花》发声 230 条，《三生三世十里桃花》电视剧官微与杨幂微博互动 293 条，与赵又廷微博互动 209 条。明星粉丝在明星有新作品时会表现出很高的参与性，会不断追随明星的新作品，例如“杨幂官方粉丝团”官微由粉丝自行运营管理，在《三生三世十里桃花》播出前后全力推广电视剧，介绍出品方详情、杨幂拍摄花絮、剧情内容等，共发微博412条。在高人气明星出演电视剧、引发粉丝关注的同时，选用能确保改编作品质量的导演，也是粉丝转化的关键。《三生三世十里桃花》的导演是林玉芬，曾执导《步步惊情》《花千骨》《微微一笑很倾城》等超流量电视剧，关注她的粉丝也会成为她新剧的粉丝。根据2017年3月16日电视剧官微，《三生三世十里桃花》获得了微博国产剧六项第一的成绩：主话题阅读量103亿（国产剧历史第一）；全站视频播放量58亿（电视剧历史第一）；明星发博量173条，互动量1724.5万；明星粉丝总增长量1535万；产生955个电视剧热词，热词出现在微博220万次；影视娱乐段子手发博量5790条，产生热度571万。凭借着《三生三世十里桃花》小说和电视剧的热度，电影从制作初期就广受关注，选用的演员是当红流量明星，刘亦菲的微博粉丝超过6800万，杨洋的微博粉丝超过5500万，电影官微与主演个人微博在电影上映期持续发声互动，2018年8月12日电影官微显示，最终电影票房破5亿、电影近三周微博短视频总播放超2亿次、8支独家视频有效播放破5000万次。

《三生三世十里桃花》电视剧的出品方是华策剧酷传播、嘉行传媒、三味火，这三家出品方在业内享誉盛名，出品方的粉丝也会转化为新剧的粉丝。华策剧酷传播以缔造“电视剧共赢网络的成就者”为宗旨，在出品《三生三世十里桃花》以前，就已因《何以笙箫默》《微微一笑很倾城》《杉杉来了》等成为电视剧领域具有优秀策划改编能力的“十佳电视剧出品单位”。嘉行传媒是由杨幂与两位经纪人共同出资成立的，杨幂是公司第三大股东，公司旗下有电视剧主演迪丽热巴、张彬彬、高伟光、祝绪丹等，嘉行传媒汇聚了一批电视剧主演的忠实粉丝。在《三生三世十里桃花》的改编过程中，大量的制景、服装成本不断追加，使单集成本突破了500万，嘉行传媒成为高标准、高品质制作的业内品牌，吸引了一批粉丝，当有新剧播出时，出品方的粉丝自然就会关注。

《三生三世十里桃花》电视剧在东方卫视和浙江卫视首播。在播出《三生三世十里桃花》之前，东方卫视播出过《欢乐颂》《中国式关系》《少帅》《虎妈猫爸》等热门电视剧，浙江卫视播出过《北上广不相信眼泪》《寂寞空调春欲晚》《小别离》《煮妇神探》等电视剧，因此收获了一批支持者，东方卫视官微粉丝超过900万，浙江卫视官微粉丝800万，这些播出平台的粉丝也可转化为《三生三世十里桃花》的粉丝。除此之外，优酷全网独家首播《三生三世十里桃花》，在开

图3-12 《三生三世十里桃花》电视剧海报

播前每日放送“独家剧透”片花，播出时在每集片头有主角们的“官方剧透”彩蛋，片尾播出拍摄花絮，之后腾讯视频、爱奇艺等联合播映，这些网络视频平台的粉丝也会成为《三生三世十里桃花》的潜在粉丝。

将网络文学改编为游戏的过程中，会使用“书游联动”的方式转化“原著粉”，“影游联动”的方式转化“剧粉”，还通过让参演电视剧明星代言游戏的方式，最大限度地转化粉丝。《三生三世十里桃花》手游代言人是电视剧“东华帝君”的扮演者，微博粉丝超过1200万人，在对游戏的宣传中不仅拍摄“仙侠大片”，还与凤九在游戏中再续前缘，于是电视剧的粉丝就可以转化为游戏的粉丝。

在开发为衍生品时，可将“原著粉”“剧粉”“影迷”“游戏粉”等全部转化为衍生品的消费者。例如《三生三世十里桃花》的衍生品覆盖天猫商城服装、美妆、视频等十大行业，销售额达3亿元。

第四章

中国网络文学平台版权运营的问题

本章摘要

网络文学平台版权运营的过程中，在供给侧，一方面，网络文学平台和作者对“量”畸形追求；另一方面，中国部分网络文学的内容应市场需求而生产，商业化严重。所以，中国的网络文学平台的内容出现了同质化特征，不同平台的网络文学内容可替代性强。在需求侧，中国网络文学用户的需求价格弹性大，付费意识淡薄。这是由于一方面用户的版权意识薄弱，依赖于免费内容，造成盗版侵权现象屡禁不止；另一方面中国的平台企业用免费机制激发网络效应，养成用户的免费习惯，因此价格的变化会使用户规模发生极大改变。当一些网络文学平台运用“免费策略”激发网络效应时，网络文学产业就会陷入“伯川德悖论”。

中国网络文学平台在不断扩大自身规模和经营范围的过程中，网络文学版权运营开始呈现出多维度、多元化、多层面的发展趋势，问题也随之而来，免费策略成为网络文学平台的竞争方式之一。

2015 年 4 月，阿里文学成立，遂即提出“付费阅读的商业模式已不能支撑网络文学的未来发展，版权运营才是未来商业模式的大势所趋，未来网络文学可能进入免费时代”。于是，阿里文学开始采用阅读免费的策略吸引网络文学用户，旨在用价格战在 BAT“三足鼎立”的市场结构中获得竞争优势，强势抢夺用户。2015 年第二季度，阿里文学、阅文集团、百度文学的移动阅读 APP 月活跃用户数据显示，阿里文学拥有月活跃用户 2317.7 万，位居第一，阅文集团的月活跃用户 1313.6 万，百度文学的月活跃用户 524.3 万。如图 4-1、4-2 所示。阿里文学成立时间尚短，却可以迅速在移动阅读市场处于领先地位，一方面是因为阿里文学全面布局网络文学移动端，另一方面就是因为阿里文学采用了免费阅读的策略，在一入场时就吸引了大量的用户。

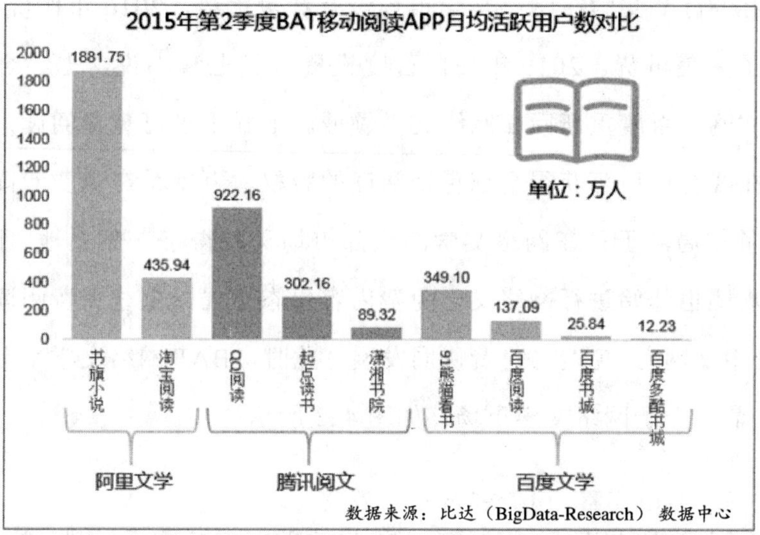

图 4-1　2015 年第 2 季度 BAT 移动阅读 APP 月均活跃用户数对比 ①

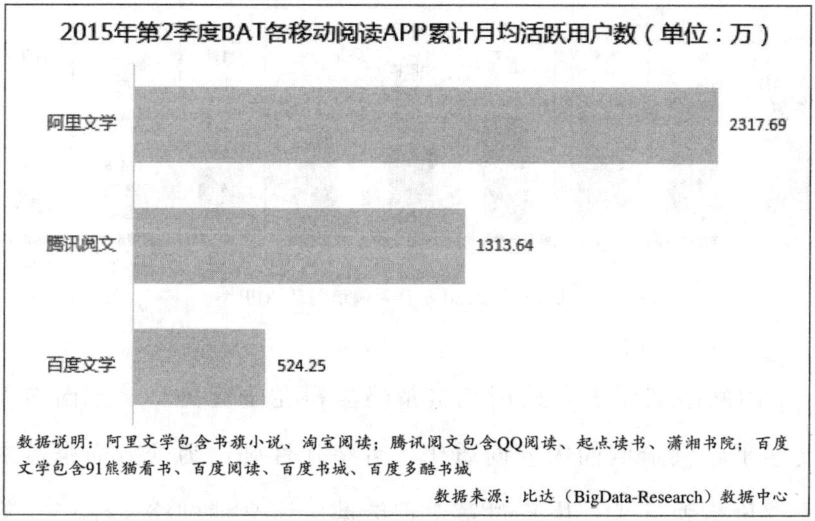

图 4-2　2015 年第 2 季度 BAT 各移动阅读 APP 月均活跃用户数（万）②

①② 比达 . 2015 年第 2 季度中国移动阅读市场研究报告 [R/OL].（2015-08-10）[2021-08-12]. http://www.bigdata-research.cn/content/201508/132.html.

由于百度文学在网络文学市场没有竞争优势，2016 年作价 10 亿卖给了完美世界。2019 年后，百度投资入股七猫小说，七猫合并纵横中文网，百度重新回归网络文学领域。七猫小说可免费阅读，并与中文在线合作后可获得全部免费阅读的版权，百度系在免费阅读领域展开了布局，于是在网络文学的头部市场又获得了一席之地。随后，阅文集团也开始进行网络文学免费内容生态布局，上线免费阅读平台“昆仑中文网”，免费与付费协同发展。此时，BAT 网络文学平台依然“三足鼎立”于网络文学市场，如图 4–3 所示：

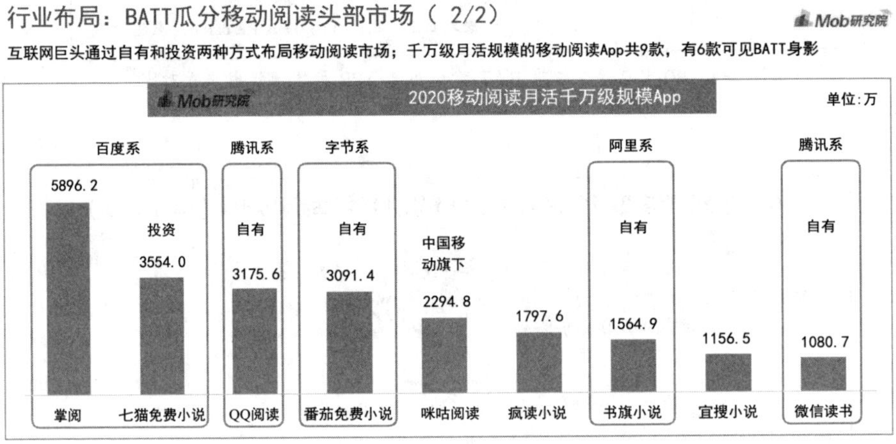

图 4–3　2020 年移动阅读月活 APP[①]

中国网络文学平台采用免费策略赢得竞争优势，一方面由于网络文学平台供给侧的内容同质化、可替代性强，另一方面是需求侧的需求价格弹性大，用户付费意识淡薄，这会使网络文学产业陷入“伯川德悖论”中。“伯川德悖论”由法国经济学家伯川德（Joseph

---

① Mob 研究院 . 2020 年移动阅读行业研究报告 [R/OL].（2020-09-22）[2021-08-12]. https://www.mob.com/mobdata/report/109.

Bertrand）提出：如果企业提供的产品或服务是同质的，并且企业考虑的竞争策略是其产品或服务价格而不是其产量，则存在着唯一的纳什均衡[①]，即产品或服务的价格等于其边际成本，企业的利润等于零。[②]

① 纳什均衡是指非合作博弈均衡。在一个博弈过程中，无论对方的策略选择如何，当事人一方都会选择某个确定的策略，则该策略被称作支配性策略。如果两个博弈的当事人的策略组合分别构成各自的支配性策略，那么这个组合就被定义为纳什均衡。

② 现代管理词典编委会．现代管理词典（第 3 版）[M]. 武汉：武汉大学出版社 , 2012 : 70.

第一节　供给侧：网络文学内容同质化

一个创新内容的诞生需要网络文学平台和作者付出大量的精力与时间，能否被用户喜欢、买单，是必须面对的风险，而规避风险是商业化运营的核心要求。为保证商业回报，作者倾向于从已获得用户认同的题材中选择性创作，跟风复制创作类似的作品。纵观网络文学平台上的所有作品，在题材类型、故事情节、语言风格、人物个性等方面都相类似，违背了网络文学原创的本质，导致中国网络文学平台内容同质化问题。

网络文学内容本身的同质化现象也会造成由网络文学版权开发的其他媒介产品同质化。最初，从网络文学平台获取优质内容，把网络文学改编成影视剧的原因就是为了补充中国影视界原创力不足。然而从网络文学的生产开始，就背离了初衷。例如言情小说吧的女生频道分为现代言情、古代言情、浪漫青春、玄幻言情、仙侠奇缘、悬疑灵异、游戏竞技、科幻空间、短篇小说、轻小说等十类，单就现代言情类、古代言情类、浪漫青春、玄幻言情类这四类小说，库存超过 14 万本，占据整个女生频道的 85%，平台上小说的题材类型与故事内容几近相同。倘若投资方选用这四类题材的网络文学内容进行改编，便会造成题材匮乏、同质化的现象产生。

以网络文学改编为影视剧为例。基于资本的倾斜、收视率的压力，投资方、导演不再找专业编剧，花时间培育、打磨一个原创作品，而是选择改编一部已经具备影响力和粉丝的网络文学。制作方不再把作品的价值、对历史文化的影响作为衡量作品好坏的标准，而是用快餐化娱乐化的盈利思维进行商业化运作，从选择演员，到发行、营销，都按照固定模式机械复制、批量生产，炮制出同质化的作品。例如，由网络文学改编的古装剧中，宫斗剧占据着一定的市场，《甄嬛传》《如懿传》基本都是“前朝政争风起云涌、后宫争宠不择手段”的剧情。由网络文学改编的现代电视剧中，《致青春》《小时代》《匆匆那年》《左耳》等青春类题材影视剧，《何以笙箫默》《微微一笑很倾城》《最美的时光》等都市情感类电视剧，虽因各自的类型化而火爆，但内容同质化严重。

造成网络文学内容同质化的原因主要有两方面，一方面是对“量”的畸形追求，另一方面就是网络文学的生产与改编过于商业化。

一、过度追求“量”

网络文学平台的开放性使每一个文学爱好者都可以成为作者，平台对作者的资质没有把关。网络文学平台为了增加内容储备，尽量吸引网络文学创作者加入平台。所以当看到痞子蔡、南派三叔等非专业作家因创作网络文学而获取丰厚回报的时候，其他一些文学爱好者就抱着“网络创作能轻松赚钱”的心态纷纷加入了网络文学平台。然而真正可以获得商业回报的作品少之又少，大多数网络文学作者创作的作品毫无意义和深度可言，网络文学平台对“量”的过度追求导致网络文学的质量急剧下降，还造成了资源、精力、时间的浪费。

不仅网络文学平台追求内容的“量”，网络文学作者也有过度追求“量”的问题。目前还有一些网络文学平台沿用按字付费的收费模式，并且以网络文学的更新频率和字数作为是否在首页中推送的标准，商业化和快餐文化的特征明显，导致作者不再追求作品内涵和质量，形成一味追求“量”的“奇观”。从更新速度来看，优秀的网络文学作者每日更新量要达6000字以上，大神级的网络文学作者平均每天会创作1万字左右的内容。从总量上来看，超长篇网络文学的字数甚至能达到近千万，例如《凡人修仙传》在起点中文网连载了747万字的巨量篇幅。传统文学精雕细琢，重在提升内容质量和精神内涵，而网络文学在字数上无限加码，通过“量”来延长小说的生命周期。“量”达到了，创作回报也得到了，但作品缺乏严密的逻辑和精心的构思，质量自然也就下降了，用户在阅读过后并无深刻感悟和启发。网络文学自由、创新、多元化的创作初衷被消解，变成了模式化、商业化的工业流水线，以及狂欢背后的虚无。

二、过度商业化

乔治·格伯纳（George Goerbner）的涵化理论（Cultivation Theory）认为“媒介涵化受众”，大众媒介是让受众认识世界的重要工具，大众媒介的引导会影响受众对世界的认知。在进入互联网时代之后，以往的线性传播模式变成了双向传播模式，即传受一体化，受众开始参与到信息的建设中来。所以在“媒介涵化受众”的同时，受众也在涵化媒介，各大互联网企业搜集受众的行为数据，分析受众偏好，从而个性化定制和推送受众喜欢的信息，媒介信息会根据受众的需求而变化。

网络文学是一种媒介，网络文学平台通过后台数据分析用户的偏好，孵化网络文学，这就是“受众涵化媒介”的一种体现。在利益驱使和市场导向下，网络文学平台会根据网络文学用户的需求生产作品，审美意识和创作理念都迎合大众的消费心理。大部分网络文学是对市场需求的机械复制，是“用户靶向式”的创作模式，使网络文学失去了本该具备的原创性和创新能力，商业化严重，影响网络文学的价值。

网络文学商业化体现在四个方面：第一，类型化的作者，作者不再具有创造力，而是被培训成类型化的写作工具；第二，娱乐化的语言，为了满足用户娱乐化的需求，网络文学大量机械性生产、商业化创作，造成文学性的缺失；第三，模式化的内容，内容根据用户需求而设定，故事情节、人物设置等没有创新性；第四，无序的版权运营，运营过程中出现了哄抬版权价格、消解艺术内涵、消耗网络文学版权价值等问题。

（一）类型化的作者

为了生产优质的网络文学内容，网络文学平台就要吸引优秀的作者，不仅要与优秀作者签约，充实网络文学平台的作家储备，还要为新人作者创造更好的发展空间，例如成立培训班、培育潜力作家等。但为了快速名利双收，网络文学作者常常是根据市场需求批量化生产内容，一味迎合用户喜好，化身为类型化的写作工具，失去了本该拥有的独立和自由的写作初衷。网络文学作者的创造性思维被抹杀，取而代之的是模式化、同质化的写作模式。

（二）娱乐化的语言

一方面，网络文学的创作门槛低，网络文学作者并没有接受过专业培训，因此网络文学先天文学性不足，并且由于网络文学的商业化生产，网络文学的语言多有通俗化、娱乐化的特征。

另一方面，网络文学作者使用搞笑、戏谑的语言写作，来满足网络文学用户娱乐化的需求，营造轻松的阅读氛围，减轻用户在社会生活中的压力。这一类的语言创作过度夸大了网络文学的娱乐功能，消解了网络文学的价值内涵、文化底蕴和审美取向。更有甚者，为满足网络文学用户更直观的欲望感受，在网络文学作品中使用欲望化、轻浮的语言来博眼球，有些从标题就可以看出来，例如《和空姐同居的日子》《总裁老公，宠宠宠》《婚然心动：首席老公，抱紧我》等。这类网络文学停留在人类需求最低层，追求短暂的快感，背离了文学作品追求精神文化的初衷。

（三）模式化的内容

在商业资本的推动下，网络文学的内容千篇一律，具有模式化的特征，故事情节、语言风格、人物设置等趋于同质化。本书对现代纯爱言情类的网络文学进行分析，已构成模式化写作、最为常见的内容情节可归纳为六类：

第一种是灰姑娘类。这类网络文学的用户群体是憧憬爱情的年轻女孩，通过阅读此类网络文学来满足她们对美好爱情向往的需求。这类网络文学中，大多数男主人公帅气、优雅、高贵、多金、专情，可能是身家上亿的财团公子，留学回国继承家族产业，也可能是叱咤风云、无所不能的高干弟子，拥有深厚的家庭背景，而女主人公长相平凡、出身贫寒，却高冷且独立，于是激发了男主人公的征服欲。男女主人公因为某些不得已的原因被捆绑在一起后，男主人公百般刁难女主人公后发现自己已经爱上了女主人公，于是想方设法追求、挽回。这一类网络文学通常是大团圆结局，两人在经历磨难、误解之后终于走到一起，这类网络文学的代表作有《翻译官》《何以笙箫默》《若爱以星光为牢》《人生若只初相见》等。

第二种是青梅竹马类。这类网络文学满足的用户群体是和自身经历有共鸣的年轻女性。青梅竹马类网络文学讲述了男女主人公从小一起长大，共同经历了童年时代、中学时代，但在年少时不懂爱情错失对方，或错失后又再度牵手的爱情故事，表达不忘初心、不移真心的感情态度，代表作有《原来你还在这里》《两小有猜》《南江十七夏》《致我们单纯的小美好》等。

第三种是先婚后爱类。这类网络文学的用户群体是已步入婚嫁年龄的女性，她们在经历了对爱情不切实际的幻想之后，慢慢走向现实生活，已不再追求梦幻般的爱情，转而向往“平平淡淡才是真”的家庭生活。这类网络文学中，男女主人公从相亲、相识到结婚，并没有轰轰烈烈的爱情，而是各自独立、平淡生活，最终在生活中产生了不可分割的爱情和亲情。这类网络文学满足了女性对平淡美好婚姻生活的憧憬之情，代表作有《亿万星辰不及你》《河自漫漫景自端》《白昼的星光》等。

第四种是朋友变恋人类。这类网络文学的用户群体是步入婚嫁年龄的女性。男女主人公本是朋友关系，其中一方经历了爱情创伤，另一方默默守护、慢慢感化，双方逐渐暗生情愫，最后发觉对方已成为自己生命中不可或缺的一部分。这类网络文学满足了女性希望“蓦然回首，他在灯火阑珊处”的心理需求，代表作有《我的前半生》等。

第五种是大女主类。这类网络文学用户群体是女性意识觉醒、渴望奋斗与独立的现代女性。女主人公不再是渴望白马王子来拯救的灰姑娘，她们拥有美貌、智慧、能力、魄力，坚韧地奋斗于职场中，勇敢地表达欲望，积极地面对生活难题，通过不懈努力获得了自己渴望的生活，也在不断成长与完善的过程中收获了爱情。这类网络文学更加贴近现实题材，成为女性话语表达的工具，满足当下女性追求自我价值的心理诉求，展现理性的婚恋观，以及自强不息、努力奋斗的价值观，代表作有《微微一笑很倾城》《欢乐颂》等。

第六种是穿越时空类。这类网络文学用户群体是想要改变过去并对生活充满幻想的年轻女性。故事多为女主人公从现代社会穿越回古代，以现代女子所特有的性格、思想、见识深深吸引了男主角，并通过自己未卜先知的能力帮助男主解决问题、渡过难关，最后与男主角相爱。这类网络文学为女性构建了一个新世界，可使她们获得前所未有的精神满足感，体会现代爱情与古代爱情的交融，代表作有《步步惊心》《梦回大清》等。

（四）无序的版权运营

“在商品经济大潮成为社会中心时，消费文化自然就成为当下中国主要的文化形态之一，消费文化制约下的文学作品被要求的是消闲和趣味，并成为一种紧张工作、快节奏生活的解压剂。”[①]网络文学以其轻松、散逸的文本描绘着普通大众的爱恨情仇、喜怒哀乐，这些贴近日常生活又符合个人情感的作品，是现代消费文本最好的阐释。在消费文化语境下，将网络文学改编成影视剧、游戏、动漫、有声阅读，就直接将网络文学转化成了可供消费的媒介产品，赋予了其商业属性。网络文学的版权运营形成了统一的模式，向着工业化、商业化的方向发展，消费主义渗透于网络文学版权运营的过程中。

一方面，为了迎合大众的需求和口味，制作方会在不考虑版权价值的前提下盲目投资，疯狂囤积高点击率、高阅读量的网络文学版权，造成资本大量向版权倾斜，使网络文学版权价格估值虚高、整个开发环境呈泡沫化趋势。2011 年一部热门网络文学版权价格 10 万元左右，2013 年涨到 100 万元，2014 年达到 200 万～ 500 万元。到 2015 年、2016 年，一些热门网络文学甚至可以卖到上千万元。[②]例如，《摸金玦》《劫修传》的影视改编权高达 5000 万元。一些有名的大神级作家，南派三叔、顾漫、桐华的单笔版权收入都在百万以上，甚至网络文学版权还出现了预定的情况，例如网络文学作者方想的《不败王座》还未着笔，手游改编权就以 810 万元的高价预定。虽然价格高，但是这些网络文学的改编转化率却不高。开发方在购买网络文学版权之前不评估再开发空间，不考虑情节内容是否适合改编成影视剧、游戏、动漫等因素，使得网络文学版权空有虚高价格却始终只能囤积。超负荷的投资也使版权开发公司不堪重负，当购买版权的费用比重过高时，开

① 汤哲声 . 边缘耀眼——中国通俗小说 60 年 [J]. 文艺争鸣 , 2011（9）: 82.

② 王志 . 媒体融合背景下 IP 开发的困境与对策 [J]. 传媒 , 2017（7）: 90-92.

发、制作等费用就会减少，会造成网络文学改编作品粗制滥造的现象发生。

另一方面，一味追求商业价值会导致制作方疏于深度挖掘网络文学的文化内涵，消解网络文学改编剧的艺术性。一些由网络文学改编的影视作品，虽然具有商业价值，但其内涵价值却有待商榷，内容空洞、思想浅薄，没有考虑不同媒介之间叙事方式的转换，只是一味地将网络文学影像化，缺乏情节性和故事性。这是商业价值和艺术取向之间的矛盾，逐利与品质的矛盾。

除了网络文学版权价值泡沫化、艺术内涵被消解外，还有消耗网络文学版权价值的现象发生。例如，网络文学《鬼吹灯》（两部）版权影视改编权分别归属于中国电影股份有限公司和万达影视传媒有限公司，第一部被改编为电影《九层妖塔》，第二部被改编为《寻龙诀》，分别于 2015 年国庆档和贺岁档上映。由于版权改编权未能归属于一家开发公司，无法对版权进行统一、全面、系统的运营规划，导致两个改编作品质量参差不齐、风格迥异，甚至产生竞争。这种无序开发的现象造成了版权资源的浪费和用户的审美疲劳，消耗了版权的价值。

第二节　需求侧：网络文学用户付费意识淡薄

根据头豹研究院发布的《2021年中国网络文学行业概览》，67%的中国网络文学用户有付费意愿，并且还会逐渐加强。根据易观的《中国网络文学版权保护白皮书（2021）》，网络文学用户每年在网络文学阅读方面的花费不超过200元，并且在阅读正版内容的同时也会寻找盗版资源，盗版网络文学用户阅读正版与盗版内容的比例为3:7。对比早期付费模式，中国网络文学用户的付费意识已有很大提升，但付费意识还不强烈。造成中国网络文学用户付费意识淡薄的原因有两方面：第一，用户的版权意识薄弱，这也是造成网络文学盗版侵权现象屡禁不止的根本原因；第二，中国的互联网产业擅用免费机制激发网络效应，在这种机制的长期影响下，用户养成消费免费内容的习惯，因此中国消费者对于数字产品的需求价格弹性很大，价格的变化会使用户规模发生极大改变。所以，只要存在网络文学内容免费或者低价格的竞争平台，网络文学平台的付费盈利就会成为困境。

一、版权意识薄弱

根据艾瑞咨询的《中国网络文学版权保护研究报告（2020年）》，18.4%的网络文学用户不清楚阅读的是正版还是盗版，46.7%的用户表示正版盗版都会看。根据艾瑞咨询的《中国网络文学版权保护研究报告（简版）（2019年）》，超过30%的网络文学用户表示可以使用盗版网络文学版权改编内容。由上述数据可见，中国网络文学用户的版权意识薄弱。

造成中国网络文学用户版权意识薄弱的因素主要有三方面：第一，法律因素。由于法律制度的不完备、版权教育缺失，导致许多网民并未意识到转载盗版内容是违法行为，作者并未意识到自己的“借鉴”已构成抄袭，开发方也并未意识到侵权改编的危害性。中国关于版权保护的法律制度还需根据产业发展进一步完善，完备的法律制度是提升网民版权意识的基础。第二，行业因素。中国的互联网产业大多选择免费机制激发网络效应，养成了用户对免费内容的依赖心理，使得用户对网络文学版权的“集体无意识”现象产生。并且，资本的投注加速了网络文学版权的变现，在商业价值的导向下，出现了改编侵权和抄袭侵权等问题。第三，经济因素。国家统计局发布的《2020年国民经济和社会发展统计公报》的数据显示，2020年中国居民人均可支配收入32189元，其中，城镇居民人均可支配收入是43834元，农村居民人均可支配收入17131元，对于住、食的比例超过总支出50%，在教育文化娱乐上的消费仅占9.6%。由此可以看出，中国居民的消费重点在生活必需品上，对于文化产品的消费没有更多的预算。网民依赖于免费内容是因为在教育文化娱乐上可供支配的经济数额有限，这是中国网民对精神文化娱乐需求与有限经济收入之间的矛盾。

由于缺乏版权意识，中国网民会主动搜索并以一种合理分享的态度传播盗版网络文学作品，开发方会在网络文学版权改编过程中存在改编侵权行为，作者会在创作中存在抄袭侵权行为等。

盗版侵权行为。互联网的开放性使复制和传播变得快速而简便，网络文学盗版现象严重。根据艾瑞咨询发布的《中国网络文学版权保护研究报告（2020年）》，PC端时期网络文学盗版通过BBS、贴吧、论坛、专业化盗版网站、文档分享平台、P2P 下载、网盘等进行，移动端时期网络文学盗版主要通过移动 APP、自媒体营销、H5 小程序。依据易观中国网络文学盗版损失金额算法模型估算结果，从 2014 年到 2016 年，中国网络文学盗版总损失从 77.7 亿元增长至 79.8 亿元。2017 年盗版情况开始得到扭转，盗版损失下降幅度不断增大。从 2017 年至 2020 年，中国网络文学盗版总损失从 74.7 亿元下降至 56.4 亿元，又在 2020 年时增长至 60.3 亿元。①总体来看，中国网络文学盗版规模虽有缩减趋势，但形势依然严峻。盗版网络文学对网络文学平台造成了巨大的经济损失，正版内容无法有效实现价值回报，会造成平台运营成本增加、作者流失、行业规模缩减等问题。首先，网络文学平台运营成本增加。打击网络文学盗版的过程非常艰巨，企业需要耗费大量的资金、资源、时间、精力，维权成本会不断加重企业的运营成本。并且，正版网站的用户流失，使得企业难以获得准确的反馈数据，不利于对市场做出合理判断与预期，也会增加运营成本。其次，网络文学作者的流失。由于实际收入与个人预期的差距，直接打击了作者的写作积极性，使得作者很有可能会流失到其他行业，另寻他路。再次，网络文学行业规模的缩减。优质作者流失了，就会造成作品类型多样性的缺失，这也会使文化创意产业的内容源枯竭，企业难以长远发展，最终导致行业规模缩减。除了经济损失，盗版现象还会危害社会。由于盗版内容没有审核监管，充斥着色情、暴力、血腥等内容，网络文学的主要用户是年轻化人群，其中有大量的青少年，这些内容会对青

① 易观 . 中国网络文学版权保护白皮书（2021）[R/OL].（2021-04-25）[2021-08-12].https://www.analysys.cn/article/detail/20020094.

少年的身心健康产生不良的影响。

改编侵权行为。第一种是未经授权擅自开发版权的行为。例如《花千骨》的“糖宝”未经授予内容肖像权，就被淘宝商家复制生产，抢先于正版玩偶上市，严重挤压了正版衍生品市场。还有“搭便车”模式，制作方在未被版权人授权的情况下擅自利用版权名气，或制作与网络文学内容毫无关联的影视剧与游戏，或借用网络文学作者、作品的名称进行推广，与网络文学作品形成特定的联系，从而吸引原著粉的关注，骗取用户流量和下载量。第二种是越权改编行为。例如南派三叔将《盗墓笔记》的网页游戏改编权授权上海简读公司，简读公司将《盗墓笔记》的网页游戏改编权转授北京千橡网景科技发展有限公司，然而该公司越权将《盗墓笔记》改编为手游。南派三叔将《盗墓笔记》的文学作品授权盛大文学，但在自己不知情的情况下，盛大文学将漫画改编权授予了上海童石网络科技有限公司。第三种是篡改情节改编行为。例如《鬼吹灯之精绝古城》是描述古墓探险的小说，但被改编为《九层妖塔》之后，人物、情节设置完全背离了原著，被认定为侵权。第四种是不规范改编行为。例如《芈月传》的原创作者蒋胜男认为影视剧开发方剥夺了其作为总编剧的署名权；而影视剧开发方则认为蒋胜男不按合同规定，在电视剧播出前就出版《芈月传》小说，并且使用电视剧海报作为《芈月传》小说封面进行营销，存在侵权问题。

抄袭侵权行为。网络文学的抄袭手段有文字抄袭、情节抄袭、设定抄袭等。文字抄袭除了简单的复制粘贴外，还有一种方式是用不同文字来表达同一意思；情节抄袭主要是指故事情节、叙事逻辑的雷同；设定抄袭是指人物设定，一般包括性别、年龄、性格、背景等人物架构的抄袭。例如《锦绣未央》原著被认定抄袭200余部小说，从故事框架到女主人设、谋权策略等，都可在其他书中找到原型。除了网络文学原著的抄袭，还有改编抄袭，例如由《花千骨》改编的手游在内容、玩法、人物属性、道具属性等方面均涉嫌抄袭《太极熊猫》。

二、依赖免费内容

为了能够迅速让平台的用户规模增长，达到临界数量，形成网络效应，免费机制是中国平台企业惯用的策略。例如腾讯QQ通过让用户免费使用，建立起基础用户市场，之后用户规模迅速攀升；百度等搜索引擎、新浪等门户网站，通过为用户提供免费信息来聚集用户规模；网络文学平台则是通过免费阅读的方式成功吸引了众多用户，例如“黄金书屋”网站依靠免费内容吸引用户，每天的访问人数达3万人次，邮件订阅人数达1万人次。①

免费机制是互联网媒体经济区别于传统经济中最显著的特点，之所以能够建立，首先，是因为网络产品的成本特征使得免费成为可能。互联网产品普遍具有高固定成本和低边际成本的特征，通过大量生产和销售，每个互联网产品的平均成本才越小，继而通过获得规模经济效应帮助企业赚取利润。第二，免费机制是由市场竞争决定的。互联网时代，信息和数字产品具有供给无限大和同质化的特征，制约经济发展的关键是需求方。在互联网竞争越来越激烈的趋势下，企业为了驱逐竞争对手，提高自身的市场份额和用户规模，就会将产品价格降

① 欧阳友权．中国网络文学编年史 [M]. 北京：中国文联出版社，2015 : 51.

到和边际成本一致，或是采取免费竞争策略，待产品完全俘获用户时，再提高产品价格从而获得收益。互联网企业一般都会经历烧钱的过程来扩大自身规模，这场网络经济中的竞争博弈类似于“马太效应”，即强者越强、弱者越弱的原理，最后形成“赢者通吃”的效果。

但是，一方面，免费机制在激发网络文学平台网络效应的同时，使网络文学用户对免费内容产生依赖，用户对网络文学的需求价格弹性高，会因为网络文学阅读付费而放弃继续阅读，或因为其他网络文学平台免费阅读而离开原有平台。另一方面，网络文学平台最初依靠免费内容吸引大量用户入驻平台，只能通过出售用户注意力给广告商来获取收益，维持网络文学平台的运营，然而资金的不足会导致平台内容供应不足，制约网络文学平台用户数量的继续增长，使平台无法可持续发展。由此可以看出，只使用免费策略而不创新商业模式的平台企业是无法长远发展的。

所以，网络文学平台在通过提供免费阅读吸引大量用户，达到临界数量并形成网络效应之后，还要通过特色化的网络文学内容、版权运营及平台服务，进一步吸引用户，使用户付费，为平台回收成本、创造利润提供机会。

第五章

中国网络文学平台版权运营的策略

本章摘要

面对目前中国网络文学平台版权运营存在的问题，最好的解决方式就是实现网络文学平台中网络文学内容题材、版权运营及平台服务的差异化，如果消费者对所需产品的差异化特征有偏好，价格就不是唯一要考虑的因素，网络文学平台则会走出价格竞争机制。随着中国网民消费观念的成熟，以及网络文学市场竞争的不断加剧，在这个不断追求个性化消费的时代，网络文学平台只有为用户提供特色化、优质化的产品或服务，才能在众多竞争者中杀出重围，获得长远发展。所以，中国网络文学平台应该运用差异化战略：第一，内容的差异化，要做到“人无我有”，尽可能细分用户市场，丰富题材种类；还要做到“人有我优”，保证网络文学的内容具有合理的世界观、创新性、故事性。第二，网络文学平台应专注于原创内容版权或某一类型内容版权的运营，并形成自己的品牌。第三，要增强平台的用户黏性，通过增强平台与用户、作者与用户、用户与用户之间的社交关系，提高用户在平台的虚拟资产、改善付费引导机制、打造硬件设备等加大用户离开平台转换成本的方式，将用户牢牢绑定在平台上。与此同时，还要优化用户，提高中国用户的版权意识，增加付费用户，并且开拓海外用户市场。在政策方面，加强中国网络文学版权的保护。以上几点，是中国网络文学平台版权运营的未来发展方向。

面对再一轮的免费策略，如果网络文学平台能够运用差异化战略，网络文学用户对不同网络文学平台差异化的内容有需求，价格就不会是他们唯一要考虑的因素，网络文学平台则会走出价格竞争机制。随着中国网民消费观念的成熟，以及网络文学市场竞争的不断加剧，在这个不断追求个性化消费的时代，只有为用户提供特色化、优质化的产品或服务，才能在众多竞争者中杀出重围，获得长远发展。所以，中国网络文学平台应在供给侧运用差异化战略，实现网络文学平台内容、版权运营、平台服务的差异化，在需求侧优化网络文学用户，提高版权意识并拓展海外用户市场，这是中国网络文学平台版权运营的可持续发展之路。

第一节　供给侧：差异化战略

差异化战略是同类竞争企业间为了形成不同而采取的战略，包括产品的内容或服务、营销能力等，减少或消除产品在市场中的可替代性，构筑自己的核心竞争力，使得市场中的其他产品无法与之竞争，以此形成企业在市场中的垄断地位。差异化战略可以帮助同类产品走出价格竞争机制。尤其平台企业，如果拥有准确定位，可以提供给用户有别于其他企业、具有独特性的产品或服务，那么它就可以锁定特定用户，从免费战中脱颖而出。面对再一轮的免费策略，网络文学平台应积极应战，实行差异化战略，积极拓展网络文学题材类型、精细化分类，生产优质的内容，对内容进行品牌化开发，并打造差异化的平台服务。

差异化战略是中国网络文学平台版权运营的未来发展方向，具有重要意义，应该着重把握：第一，网络文学平台的定位。网络文学平台的目标用户市场是什么？要满足用户什么样的需求？要对网络文学平台的内容做哪些合理的取舍？如何打造其他竞争平台难以模仿的差异化平台？差异化定位会使其他平台缺乏可以与该平台相比较的内容，使该平台具有不可替代的效果，即使其他平台采用免费策略，用户也不会把价格作为唯一要考虑的因素，不会因为付费阅读就离开平台。第二，差异化的网络文学平台版权运营要有长期性和连续性，以此构建自己的品牌优势，形成强有力的产业进入壁垒，打造其他竞争平台难以模仿的平台。第三，网络文学平台要增加用户离开平台的转换成本，增强用户对网络文学平台的忠诚度和黏性。

一、内容差异化

网络文学内容差异化表现在题材、故事、人物等方面。不同网络文学平台的内容具有不可替代的效果，网络文学平台则具备不可替代性。网络文学用户对网络文学内容差异化的偏好会让其降低需求价格弹性，不会因为付费阅读而降低对网络文学的阅读需求。网络文学的内容差异化激发了网络文学平台在非价格领域中的竞争，不再受到“免费策略”的影响，而是通过自身的差异化优势在市场中快速立足。本书认为，网络文学平台内容差异化主要表现在两方面：第一方面是“人无我有”，即生产其他网络文学平台没有的内容；第二方面是“人有我优”，也就是提高网络文学内容的质量。

（一）人无我有——“大而全”或“小而美”

1. 大而全

在内容层面上，保证网络文学题材的多样性和内容的丰富性是网络文学平台的生存之道，根据用户需求进行内容定位，建立更加细分的用户市场。“大而全”内容差异化竞争的关键在于对市场的细分，尽可能提供全面以及竞争者所不具备的内容，所以题材应尽可能宽广，在面对竞争对手的“免费策略”时，可以依据内容题材的不同，消除“免费策略”带来的影响。目前，网络文学市场的主要竞争者是BAT网络文学平台，作为“大而全”的代表，2021年8月的内容题材差异如表5-1所示：

表5-1　BAT网络文学平台的内容题材

	腾讯系（QQ阅读）	阿里系（书旗小说）	百度系（百度阅读）
板块分类	男生、女生、出版、听书	男生、女生、出版	男生、女生、出版
内容题材	男生：玄幻、奇幻、武侠、仙侠、都市、现实、历史、军事、游戏、体育、科幻、悬疑、轻小说、短篇 女生：古代言情、现代言情、玄幻言情、仙侠奇缘、浪漫青春、游戏竞技、科幻空间、悬疑侦探、轻小说、短篇、现实生活	男生：都市、玄幻、仙侠、科幻、历史、游戏、同人、社会生活、武侠、悬疑、体育 女生：现代言情、古代言情、玄幻言情、幻想言情、仙侠、科幻、浪漫青春、悬疑	男生：都市、玄幻、奇幻、历史、科幻、军事、竞技、游戏、武侠、悬疑 女生：现代言情、古代言情、幻想仙侠、青春、游戏

续表

	腾讯系（QQ阅读）	阿里系（书旗小说）	百度系（百度阅读）
板块分类	男生、女生、出版、听书	男生、女生、出版	男生、女生、出版
内容题材	出版：漫画、小说、文学、青春文学、管理、经济、成功励志、投资理财、亲子家教、保健养生、旅游地图、传记、时尚美妆、心理学、社会科学、历史、军事、文化、政治、法律、科普读物、体育运动、自然科学、教材教辅、童书、短篇、两性关系、宗教、哲学、英文图书、艺术、医学、休闲爱好、外语、手工DIY、烹饪美食、农业林业、考试、建筑、家庭家居、古籍、工业技术、工具书、期刊、公版书、专栏 听书：精品优选、知识课堂、生活娱乐、热门影视、玄幻、仙侠、古代言情、现代言情、悬疑、都市、历史、科幻、军事、游戏、武侠、奇幻、浪漫青春、文学、短篇、教育培训、商业财经、人文、亲子宝贝、心理学	出版：情感小说、中外名著、校园出版、玄幻武侠、都市乡土、历史军事、游戏出版、科幻悬疑、影视、文学出版、诗词戏曲、传记、艺术、少儿读物、生活时尚、孕产育儿、经济管理、成功、励志出版、人文社科、科学技术、教育教辅、漫画	出版：成功励志、计算机、经济管理、科技、历史传记、两性情感、亲子少儿、社会科学、生活、文学艺术

从上表可以看出，题材类型最丰富的是阅文集团，它是BAT网络文学平台中内容资源储备最具实力的，拥有200多种题材，上千万部网络文学作品。阅文集团的内容资源覆盖了网络文学、传统书籍以及电子阅读器，内容细分至文化、政治、经济、历史、军事、社科、教育等领域，最大限度地满足用户需求。面对市场上依靠免费策略竞争的网络文学平台，无论是从早期就开始阅读免费的阿里文学，还是

依靠七猫小说在免费领域探索的百度，阅文集团相比之下都是受到影响最小的。用户不会因为其他网络文学平台免费就离开阅文，因为阅文集团的题材类型远远超过其他平台，拥有“免费平台”所没有的内容。像 BAT 这种“大而全”的网络文学平台，若想做到“人无我有”，需要从以下两个方面着手：

第一，引入传统文学。网络文学平台应尽可能将内容库做大做全，丰富的内容储备可以满足用户多样化需求。在网络文学用户市场更加细分化、题材类型内容尽可能多元化的市场环境下，一个重要的策略就是引入传统文学。随着市场格局的演变，网络媒体将成为平台经济的核心力量，传统媒体更多扮演内容提供商的角色，网络媒体和传统媒体建立合作关系成为大势所趋。将传统文学引入网络文学平台，在增加传统文学的阅读量、解决传统文学数字化推广和运营问题的同时，也充实了网络文学平台的内容，解决了网络文学题材单一的问题。网络文学与传统文学有效融合，凭借网络文学在用户规模、平台运营模式等方面的优势，以及传统文学在内容质量、影响力等方面的优势，两者在内容生产、传播、改编、运营等方面优势互补，满足用户不同的需求。

从上表可以看出，阅文集团已引入传统文学，QQ 阅读平台不仅有网络文学作者生产的网络文学，还有垂直类、知识类、传统类的文学作品。阅文集团已与海内外 2000 多家出版企业合作，共同扩大数字阅读版图，实现了 47 个品类、600 余种子品类版权内容的全覆盖。①

① 阅文集团梁晓东：创新合作挖掘数字出版新动能 [EB/OL].（2018-05-10）[2021-08-12].[EB/OL].http://ah.ifeng.com/a/20180510/6566324_0.shtml.

阅文集团将小说、经济、历史、科普、专业读物等传统文学搬到网络文学平台上，还与全国新概念作文大赛的主办方华东师范大学出版社、《萌芽》等高质量文学杂志社签约，让用户可以在网络文学平台上阅读杂志内容。除此之外，阅文集团还将传统文学作者引入平台，增加平台的优质原创内容。早在腾讯文学时期就吸纳诺贝尔文学奖得主莫言，及著名作家苏童、阿来、刘震云加入“腾讯文学大师顾问团”，不仅为后续作者培育计划增加了筹码，还获得这些知名作家作品的数字版权，例如莫言的《酒国》《蛙》和《檀香刑》，阿来的《尘埃飞扬》和《格萨尔王》，苏童的《我的帝王生涯》和《米》，刘震云的《手机》和《故乡》系列。

第二，关注小众内容。克里斯·安德森（Chris Anderson）于2006年提出长尾理论：我们的文化和经济重心正在加速转移，从需求曲线头部的少数大热门（主流产品和市场）转向需求曲线尾部的大量利基[①]产品和市场。[②]在互联网信息时代，市场已被划分成了无数个不同的领域，那个需要热门内容来吸引受众的传统媒介时代已经被逆转，现在需要在多元化市场中展开竞争。只要传播的渠道足够大，需求不高的产品聚集在一起所占据的市场份额可以和那些需求高的产品所占据的市场份额相匹敌，甚至会比需求高的产品占据的市场份额更大。由此可见，我们应将更多注意力放在需求曲线尾部那条长长的曲线上，小众产品所能够占据的市场份额将是未来市场争夺的重点，这条长尾具备积短成长、积少成多、积小成大、积弱成强的特点，如图5-1所示：

① 利基是指更窄地确定某些群体，这是一个小市场并且它的需要没有被服务好，或者说“有获取利益的基础”，可通过专业化经营来获得最大限度的收益。

② 克里斯·安德森. 长尾理论[M]. 乔江涛，译. 北京：中信出版社，2006：35.

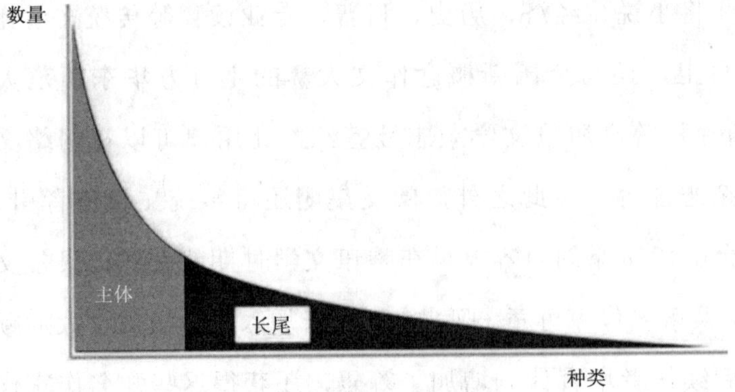

图 5-1 长尾理论模型

目前多数网络文学平台的优势资源被大众热衷的玄幻、言情类题材网络文学占有，热门题材网络文学作品构成了大众市场的需求，即处于需求曲线的“头部”。而网络文学平台较少关注小众、冷门题材的网络文学，但小众题材的网络文学满足用户的特定需求，是需求曲线的“尾部”。小众、冷门题材的网络文学是在处于“尾部”的“蓝海”市场，由于竞争性小，当随着用户兴趣、需求的改变而重新获得关注时，付费意愿就会比发现热门题材网络文学的付费意愿高，当“尾部”足够丰富时，便可与“头部”热门题材的网络文学所产生的价值相匹敌，甚至超越“头部”，创造巨大的价值。

BAT 网络文学平台应该像阅文集团一样，将内容作为网络文学平台的核心竞争力，尽量完善网络文学的作品品类，保证各类作品资源平等，保障供需配对平衡，有效满足各方需求，哪怕是小众、冷门题材的网络文学也有作者撰写，有用户阅读，打造差异化的“蓝海”战略。虽然网络文学用户有年轻化特征，但为了获得更大的用户规模，网络文学平台在内容定位上，除满足年轻人的需求以外，还应该多增加知识类、垂直类或者传统文学内容，以拓展中老年用户市场。

2. 小而美

除了BAT这种“大而全”的网络文学平台，还应该有一些“小而美”的平台携手发展。“小而美”的平台拥有异于BAT网络文学平台的品牌和定位，给网络文学用户更丰富的选择。例如豆瓣读书就是“小而美”的代表，网络文学的内容存量、资金投入都相对较小，盈利能力也无法与“大而全”的BAT网络文学平台相比，但针对特定的用户群及市场，与BAT网络文学平台实行差异化战略，避免直接竞争。

豆瓣读书以中篇幅作品为主，涉及小说、诗歌、散文、科幻推理等高质量作品，接受画册、专栏，甚至翻译等品类的任何作品。除原创内容以外，豆瓣读书以开放的态度聚合各方资源，选取的合作方多以高品质著称，例如与译林出版社、电子工业出版社等合作获取电子资源，与中国国家图书馆、北京大学图书馆、中国科学院国家科学图书馆等21家传统图书馆合作，提供“在哪儿借这本书”服务，为用户提供更便捷的借阅渠道。

豆瓣读书主要定位于小众、高质量、高学历、高黏性、具有文艺气息的用户，以“豆瓣亚文化”为平台品牌，在细分、小众的用户市场深入发展，以小博大。基于豆瓣用户高质量的特点，豆瓣读书的评分系统具有很强的可信度，用户在读过书之后会给出1～5星的评分，这是区别于其他网络文学平台的一项特色内容。此外，豆瓣读书还会为用户提供搜索比价的服务，连接各大电子商务平台，例如京东、当当等，帮助用户筛选书籍购买渠道。

这种类型的网络文学平台虽然市场覆盖面较小，有一定的局限性，但是平台的用户黏性高，付费转化率高，形成了独具特色的“小而美”网络文学平台。

（二）人有我优——优质网络文学内容的基本要素

网络文学平台在积极拓展网络文学多样化题材时，还应打造优质内容。在网络文学平台的两端，如果一端因为一些劣质网络文学的加入，而降低另一端网络文学用户的阅读意愿，平台的价值则会减少。为了消除其他竞争者“免费策略”的影响，网络文学平台要拥有更加优质的内容，让用户愿意付费阅读，吸引网络文学版权开发公司进行多元化的内容转化，从而获得更高的价值。优质内容是吸引用户入驻网络文学平台的关键和基础，是实现内容差异化的关键。那么，优质网络文学包含哪些要素呢？

1. 世界观

企鹅智酷发布的《IP 热潮与泡沫：网络文学 IP 价值判断报告》中首次提到了网络文学的长线价值以及短线价值。长线价值指的是网络文学的角色和世界设定，虽然回收周期长，但可持续开发的潜力大。短线价值是剧情和故事情节，决定网络文学是否能够成为爆款并改编获得价值回报，价值回收周期短。由此可见，一个恢宏的世界设定是网络文学版权能否进行可持续开发的前提条件。

世界观代表着全世界人类共通的情感诉求与价值追求，具有“正能量”精神内核，包括亲情、爱情、友情，以及正义、自由、平等，这些并不受地域、时代、国籍、文化的影响。优质网络文学应以宏大的世界观作为创作基底，包含真、善、美，忠、孝、义，自由和平等，也是宣扬主流价值观、社会责任感、社会道德感的重要表现方式之一。中国是以“儒家文化”为主流价值观的，尤其是在文学作品方面，历史类文学作品展现的是家国情怀和胸怀天下的世界观，武侠类文学作品展现了江湖道义和赤诚相见的价值观，言情类文学作品展现的是矢志不渝和忠贞不贰的爱情观。例如《琅琊榜》就极力推崇中国传统的文化价值观，传达家国、天下的思想，以及肝胆相照的英雄情怀；《花千骨》以爱情神话故事为线索，爱恨情仇中夹杂着真、善、美，表达了至纯至善至美的爱情观；《三生三世十里桃花》展现出中国传统文化中爱情表达方式的内敛和矜持，也从战神墨渊和众弟子之间的情感中展现出忠孝仁义，在面对国家、集体荣誉时，不惜牺牲个人以及胸怀天下的集体主义精神；《欢乐颂》映射当今社会生活，体现了对普通人的关注，剧中人物身份设置普罗社会各个阶层，展现积极向上的价值观。这类网络文学所沉淀下来的永恒价值，是进行版权开发的基础，是可以历久弥新、不断被改编成各种媒介产品的核心要素。

2. 创新性

中国作协网络文学研究院研究员马季认为，“网络文学发展真正存在的问题是类型的失衡、创新力的欠缺与新人成长空间不足。”所以，网络文学平台竞争的重点应为保证网络文学的创新性，创新是避免网络文学内容同质化的根本措施，不仅需要平台不断培养新人，还需要在题材类型、创作模式等方面开辟新的疆土。

在作者培养方面，网络文学平台要构建更加完善的内容生产机制、打造更加优质的作者生态圈，培养有创新精神、写作潜能的年轻作者，开拓网络文学创意源头。例如，为了获得创新的内容，阅文集团致力于培养新人，在新人扶持、培训、品牌运营、关怀服务等方面为新人作者提供最优保障。在新人扶持方面，在 50% 合约分成的基础上，阅文为作家每月发放20%的稿酬作为创作补贴，并将从创作激励、创作比赛、荣誉榜单、流量扶持等方面为新人作家拓展发展空间；在新人培训方面，阅文建立了更加完善的作家成长体系，并成立了起点大学，为新人作家设计了网络文学商业写作理论、网络文学写作及技术、网络文学粉丝运营等多门体系化课程，提供写作各环节从理论到实践的解决方案，还为有创意的新人提供线上社区、跨界文创行业聚会平台等交流空间；在品牌运营方面，为提升新人作者和作品的品牌影响力，阅文提供包括平台资源、版权经纪人、宣传推广、粉丝运营等服务；在新人关怀方面，对生活陷入困境的作家提供最高30万元的帮扶基金。

在题材类型方面，近几年《仙剑奇侠传》《三生三世十里桃花》开辟了仙侠类题材，《步步惊心》《赘婿》带动了穿越类题材，《甄嬛传》《芈月传》拓展了宫斗类题材，《盗墓笔记》《鬼吹灯》开启了惊奇冒险类题材。在新时代的吁求下，在国家、社会、行业的号召、扶持、引导及网络文学自身创新发展诉求的共同作用下，网络文学题材开始转型，向现实题材、传统文化、科幻题材方向发力。在现实题材方面，党的十九大报告要求，要“加强互联网内容建设，加强现实题材创作，不断推出讴歌党、讴歌祖国、讴歌人民、讴歌英雄的精品力作”。党和国家倡导将“现实主义题材”作为互联网内容建设的“主流化”风向标，中国网络文学将进入“现实主义题材”新时代。创作“现实主义题材”网络文学，需要将网络文学特有的创作手法与现实主义完美融合，形成葆有网络文学基因的现实题材作品，来展现现实生活广度，体现时代精神，影响社会风尚。目前，现实类题材的网络文学可以归纳为五类：一、反映改革开放40年、社会变革的大题材作品，例如《大江东去》（阿耐）、《大国重工》（齐橙）；二、体现中华文明、千年传承的作品，例如《岐黄》（漱玉）、《牧九歌》（易人北）；三、讴歌基层英雄的写实作品，例如《朝阳警事》（卓牧闲）、《明月度关山》（舞清影521）；四、聚焦社会现实、展现平凡人生活的新主流作品，例如《全职妈妈向前冲》（清扬婉兮）、《二胎之战》（人参胖娃娃）；五、以都市职业划分流派，展现都市人职业生活的作品，例如在医疗题材领域的《大医凌然》（以志鸟村）、《手术直播间》（真熊初墨）、《当医生开了外挂》（手握寸关尺）；六、以现阶段重大社会现实作为背景、讲述脱贫攻坚和全民抗疫的作品，例如《大山里的青春》（罗晓）、《共和国天使》（王鹏娇）。接下来，中国网络文学市场应该进一步细分、创新、开辟“现实主义”题材内容，尤其是“行业背景现实题材小说”，使其成为中国行业发展、时代变迁、民族复兴现实画卷的全方位记录者。在传统文化方面，网络文学应承续与弘扬传统文化，习近平总书记在出席中国文学艺术界联合会第十一次全国代表大会、中国作家协会第十次全国代表大会时提出，“要把握传承和创新的关系，学古不泥古、破法不悖法，让中华优秀传统文化成为文艺创新的重要源泉”。一方面，在现代故事中融合传统文学资源，或用现代化的网络文学体语言重新解读传统文学，例如《镇妖博物馆》在现代都市语境下融合了《搜神记》《山海经》《聊斋志异》等千年神怪传说，《这个人仙太过正经》用现代化的语言重新解读了《山海经》；另一方面，在现代故事中融入中华传统文化元素，例如《首席御医》《登堂入室》《庶女攻略》《我花开后百花杀》分别融入了中医文化、制瓷技术、刺绣技艺、香学茶道等，展现中华民族独特的精神标识。在科幻题材方面，2020年国家电影局、中国科协联合印发的《关于促进科幻电影发展的若干意见》中提出，将科幻电影打造成为电影高质量发展的重要增长点和新动能。根据影视改编需求，网络文学还应在“科幻类”题材方面开拓创新，展示中国的科学创意以及中国故事未来叙事的可能性。目前，《夜的命名术》《我们生活在南京》等已登上起点月票榜前十，科幻类题材创作成绩瞩目。

在创作模式方面，一方面，在进入移动互联网时代之后，一部分用户不会再花长时间阅读长篇网络文学，而是更加倾向碎片化阅读，所以网络文学平台除了着重发展长篇网络文学外，还要兼顾中短篇、模块化的内容创作，适应小屏幕阅读体验。另一方面，开创“众创”团队写作模式，由不同的作者加入网络文学的创作团队中，形成流水线式写作模式，作者与作者之间互相交流并提供新的思路，增强网络文学的创新性。

3. 故事性

网络文学拥有清晰的故事结构和叙事能力，贴近用户的阅读审美期待，是成为优质内容的基本要素之一。

网络文学现已形成“升级打怪换地图”的固定叙事模式，“升级”是男女主人公的成长过程，“打怪”是克服成长过程中遇到的困难，“换地图”是指成长环境的变化。例如，都市小说中主人公“升级打怪”的路线是：一穷二白→赚取第一桶金→生意做大→遭遇挫折→克服困难→升级到一定层次后→重大风波→成功度过危机，仙侠武侠小说中“换地图”的方式是：出生于微末的地方→升级到一个层次后去取另外做任务的地方→继续升级的地方。[①]

《欢乐颂》围绕着五个不同身份地位的女孩关于生活、爱情和工作的故事，讲述她们“升级打怪”的过程。安迪是职场女强人，但却家庭安全感缺失、具有情感障碍，后来努力完善自我、打开心扉、接受爱情；曲筱绡家庭背景雄厚，为了证明自己的能力，从一个玩世不恭的富二代，变成了一个吃苦耐劳、努力闯出一番天地的女强人；樊胜美因家庭所累，不得不将希望寄托于嫁人，最后明白只有自己强大才可以收获爱情；关雎尔上进努力，但却因父母的强势而形成畏缩自卑、谨小慎微的性格特点，后来变得勇于表达自己的观点，勇敢追求自己的爱情；邱莹莹最接近现实中的普通女孩，因精神不独立、依赖性强，没有独自应对生活困难的能力，在遭遇恋爱、工作挫折后，努力成长，最终蜕变成一个成熟独立的女人。这五个人物反映出社会各阶层的真实生活，故事代入感很强，会让女性用户从中找出和自己相贴合的元素，随着剧中人物“升级打怪”的过程积极反思自身需要修正的问题。

《后宫·甄嬛传》讲述了甄嬛从一个不谙世事的少女成长为一代善于谋权的太后的“升级打怪”过程。“换地图”经历了三个阶段，甄嬛前期在后宫经历磨难，中期出宫修行与十七爷相爱，后期重新回宫扳倒皇后，这三个“地图”是甄嬛几经浮沉的转折点，是她心态、能力、感情转换的关键节点。整个小说的故事情节环环相扣、跌宕起伏、抓人心弦，以甄嬛的命运起伏为核心，在人与历史交汇处设置情节，讲述后宫的多角博弈、恩怨情仇，描绘一个个后宫女子“颜色如

① 杨玲．新世纪文学研究的重构 [M]. 厦门：厦门大学出版社，2019 : 21.

花、命如一叶”的落寞与悲伤，揭开封建王朝时代后宫的神秘面纱。

《三生三世十里桃花》按照“升级打怪换地图”的故事逻辑，讲述了青丘白浅和天族太子夜华之间相恋三生三世的爱情故事。女主人公白浅的身份经历了“升级”，从第一世的弟子司音，到第二世的凡人素素，再到第三世的上神、青丘女君；天族和翼族的恩怨、白浅的三世情感纠葛、白浅第二世成为凡人时受尽的欺凌，皆是故事“打怪”的过程；从第一世到第三世换了三个“地图”，将轮回的概念贯穿整个故事主线，故事中的每个人物都有前世今生、情节线和行为动机。这部作品的故事情节密度高、叙事紧凑，故事中每个人都心系天下，在大爱之下，着重展现出人们对永恒爱情，以及真善美的兄弟情、君臣情、家国情的追求。

故事是人类文化的体现，是我们传播文化价值的基本手段。优质网络文学应具有故事性，按照符合人类故事“难题结构”的逻辑，通过精彩的情节叙事设定，丰富的人物性格刻画，足够的文学语言张力，阐释网络文学内容的深刻内涵。

二、版权运营品牌化

现代营销学之父科特勒提出，品牌是卖方作出不断为买方提供一系列产品特点、利益和服务的允诺。由于消费者视品牌为产品的一个重要组成部分，因此品牌能增加产品的价值。[①]品牌是给用户带来溢价、产生增值的一种无形资产，它所表现出来的价值意味着一个产品

① 菲利普·科特勒，等. 市场营销导论 [M]. 俞利军，译. 北京：华夏出版社，2001：212.

的市场地位和利润，品牌意识会使网络文学平台在进行版权运营时保障作品的质量，在产业链的每一个环节实现增值。品牌拥有强大的市场号召力，一旦形成品牌影响力，就会创造巨大的价值，所以网络文学平台对版权运营也应采取品牌化战略，着力打造网络文学平台在版权运营方面具备影响力和竞争力的品牌形象。

尽量扩大网络文学内容题材的覆盖面，细分用户市场，或做“小而美”的网络文学平台，是在内容层面上网络文学版权运营的差异化战略。但在网络文学版权开发层面，由于版权运营还处于发展阶段，BAT 网络文学平台不应以“所有题材”作为运营目标，而是应该针对某类题材作为版权运营的主要方向，依据平台各自的特点，对网络文学版权进行品牌化运营，以此作为差异化战略的方法之一。小的网络文学平台可以运营 BAT 网络文学平台未涉猎的版权内容，专注于原创内容的运营，并形成自己的品牌。这样不仅有利于为网络文学平台树立独有的品牌，还能培养网络文学用户对平台的依赖度。同时，网络文学平台在进行版权运营时合作的影视、游戏等公司，也应有各自的专业化品牌：例如慈文传媒的市场定位是年轻人，专门制作年轻人喜爱的电视剧，将《花千骨》《老九门》《华胥引》《楚乔传》等多部文学作品改编为电视剧；唐人影视的品牌定位是古装剧，将《步步惊心》《无心法师》等网络文学作品改编成为电视剧。

目前，阅文集团对网络文学版权运营的重点主要集中于玄幻题材，这是目前最热门的网络文学题材，如改编自网络文学的《择天记》《斗破苍穹》《全职法师》《扶摇》《庆余年》等，都可谓是运营成功的案例。所以阅文集团在塑造网络文学版权运营品牌的过程中，应将重点放在玄幻类题材的网络文学版权运营上，将该类题材的版权运营作为自己的品牌化产品。阅文集团内部设有版权营销部，包括网络文学版权授权组、拓展组、公关组，专门负责网络文学版权的整体运营过程，打造自己的版权运营品牌。网络文学版权授权组以优质内容为依托，开展对外授权业务，与影视、游戏、动漫等开发公司达成版权合作协议；拓展组与网络文学版权的投资方或者制片人合作，负责网络文学版权的改编开发、衍生品制作、包装设计，承担着“促进原创内容精品化”的责任；公关组负责塑造阅文集团版权运营的品牌，提供市场推广。

阿里文学将自身定位为以网络文学阅读和网络文学版权联动为基础的综合性基础设施体系。阿里文学依托阿里系强大的电商平台，应将重点放在网络文学版权形象或衍生品领域。例如，《三生三世十里桃花》的影视改编权由阿里文学授权给阿里影业，同时将衍生品开发权授权给淘宝天猫，在影视剧大获全胜的同时，覆盖美妆、服饰、食品等衍生品收入也达 3 亿。淘宝的购物者大多为青年女性群体，为了吸引更多的用户，阿里文学应该主要运营女性类题材的网络文学版权，尤其是都市女性、现代言情、现实主义题材的网络文学。这类题材的主人公更能引起现代女性共鸣，改编成影视剧后，里面的同款产品更能激发女性的购物欲望。

百度文学在第一轮竞争中因运营不利失去了竞争力，当百度再次回归网络文学市场时，一方面应扩充平台网络文学的内容和种类，选择一个有异于阅文集团和阿里文学版权运营的网络文学题材，例如在现实主义或科幻类领域发力，形成自身的网络文学版权运营品牌，另一方面积极搭建完整的版权运营体系，进行差异化竞争。

实现品牌化运营的过程应该是长期化、系列化的，以此进行品牌积累并建构品牌形象。例如漫威用几十年打造英雄系列，《蜘蛛侠》的漫画形成于20世纪50年代，在漫威团队历经60多年的长期运营下，成为当下最受欢迎的动漫之一。而后《蜘蛛侠》被索尼影业改编为系列电影，这个形象就成了人尽皆知的超级英雄。漫威、华纳等主流电影公司主要通过塑造类型化人物形象、创作续集、制造内容关联等方式在进行品牌化运营，所以中国网络文学平台也应学习借鉴，将占据网络文学市场大部分利润与空间的优质内容版权进行长期化、系列化的内容积累与创作，不断维护，形成品牌。

塑造类型化的人物形象。漫威擅于塑造超级英雄，通过不断串联故事情节，讲述英雄们纵横交错的故事和人生，刻画一个个有血有肉的英雄形象，形成了自己特有的品牌。漫威创造了多名英雄角色，甚至是超级英雄团队，例如美国队长、绿巨人、金刚狼、蜘蛛侠、黑寡妇、钢铁侠、雷托尔、恶灵骑士、蚁人等，以及X战警、复仇者联盟、神奇四侠、银河护卫队等，以这些代表人物形象为版权核心，由点及面地开发电影、电视、游戏、音乐、衍生品等，纵横交错地覆盖娱乐消费市场。当电影票房获得优异成绩后，漫威会利用电影中的二线角色制作电视剧，例如推出过《杰西卡·琼斯》《神盾局特工》《特工卡特》《卢克·凯奇》等电视剧。在拍成电视剧之后，漫威还会将超级英雄开发为衍生品，例如人偶T恤、零食、剃须刀、定制手机、汽车等，最大限度地实现版权增值。

所以，网络文学平台在进行版权运营时，应仿照漫威构筑的英雄世界，根据粉丝的情感认同塑造类型化的人物，例如《琅琊榜》中的梅长苏、《斗破苍穹》中的萧炎、《择天记》中的陈长生等，将这些类型化人物进行长期系列化生产及运营，形成自己的品牌。

图 5-2 电视剧《琅琊榜》中的梅长苏

创作续集。漫威、华纳等主流电影公司在制作电影选材时，常常将已经获得一定成功的电影进行翻拍或者做续集系列创作，例如《霍比特人》《X 战警》《美国队长》《蜘蛛侠》《哈利波特》《星球大战》等都是系列化的影片。J.K. 罗琳所著的《哈利 · 波特》（Harry Potter）系列小说共 7 部，实体出版图书总销量近 7 亿本（截至 2020 年），后陆续被美国华纳兄弟电影公司拍成了 8 部同名系列电影，全球票房收入达 78 亿美元，创造了全球电影史上系列电影中票房最高的纪录。

所以，网络文学平台在进行品牌化运营的过程中，需要借鉴上述运营经验，在网络文学、影视剧、游戏、动漫等横向开发领域进行续集创作、系列化生产，打造独一无二的系列化品牌，从而延续版权的生命力、提升版权的价值。目前，国内已经开始进行续集创作，例如电视剧《无心法师》《欢乐颂》分别推出了 3 季、2 季，动画《全职法师》《斗破苍穹》分别播出了 5 季、4 季。

图 5-3 《无心法师第一季》电视剧海报

图 5-4 《无心法师第二季》电视剧海报

图 5-5 《无心法师第三季》电视剧海报

制造内容关联。漫威影业基于漫画角色所制作出的电影组成了一个架空世界和共同世界，即漫威电影宇宙，该共同世界是由共同的元素、设定、表演和角色通过跨界作品建立的。漫威经常会灵活运用已有的版权库，把已经成熟并且有知名度的超级英雄形象集合在一起，制作出一部电影。例如，《复仇者联盟》由美国队长、钢铁侠、雷神、绿巨人、黑寡妇、鹰眼等六大超级英雄组成，他们各显神通，一起保卫地球安全。这样会使每个版权形象更加立体并富有价值，使观众产生强烈的熟悉感和好奇心。

所以，在网络文学版权运营的过程中，应善于利用已有的内容，制造内容关联，把一些有可能整合的要素进行融合和延伸，通过跨界思维使各个环节更加赋有价值。目前已有的制造内容关联的运营案例，例如由网络文学改编的电视剧《微微一笑很倾城》和游戏《新倩女幽魂》深度联动，实现了双赢。《新倩女幽魂》成为《微微一笑很倾城》的“虚拟世界架构方”，设计了电视剧中的游戏场景，电视剧中的白衣琴师、红衣女刀客还原了游戏中的魅者冷心月、刀客杨梦言，电视剧中的玩法、任务等会在游戏中同步推出。《微微一笑很倾城》成为《新倩女幽魂》的“加长版广告”，男主人公杨洋不仅在剧中是《新倩女幽魂》的开发者，在剧外还是游戏的代言人。再如，由网络文学改编的电视剧《香蜜沉沉烬如霜》与游戏《诛仙》基于共同的“仙侠”主题进行内容关联，电视剧中的主人公锦觅和旭凤在游戏中出现，电视剧中的隐藏剧情会在游戏中解密，游戏中还加入了电视剧中的同款时装、坐骑、法宝、家具等，让用户体验在游戏中追剧。这样会有双向促进的作用，电视剧的粉丝会因为游戏中含有电视剧内容元素而关注游戏，游戏的粉丝也会由此关注电视剧。

图 5-6 《微微一笑很倾城》剧中肖奈代言《新倩女幽魂》手游

若一个网络文学平台在版权运营品牌化方面已经形成了核心竞争力，这种竞争力会成为其他新进入者的行业壁垒，这是其他网络文学平台较难超越的。因此能够做到品牌化运营的网络文学平台具备较高的稳定性，品牌形象可被有效转化为商业利益。

三、提高转换成本

网络文学平台的用户黏性是指用户对平台上网络文学作品或平台服务的使用频率、依赖度和忠诚度，是平台吸引新用户、保留老用户，延长平台使用时间的一种表述方式。本书认为，增强网络文学平台用户黏性主要有两种方法，第一种就是生产优质的网络文学内容，这在上文中已做阐释。另一种就是提高平台的转换成本，增加用户脱离网络文学平台的阻力。转换成本是用户更换产品或平台所需付出的代价总和，包括离开旧平台的沉没成本和进入新平台的初始成本，有心理层面和经济层面的，是有效防止用户离开平台的一道防线，也是构成平台竞争壁垒的重要因素之一。如果说优质的网络文学内容可以提高整个平台的“硬实力”，那么提高转换成本则成为增强平台用户黏性的“软实力”。提高网络文学平台转换成本的方式主要有：第一，增强网络文学平台与用户、用户与用户、作者与用户之间的互动性，表现为社交关系；第二，提高用户对网络文学平台的使用体验度，通过提高平台虚拟资产、改善付费引导机制、打造硬件设备等方法来实现。

（一）增强社交关系

根据马斯洛需求层次理论，人的需求分为五个层级，分别是生理需求、安全需求、社交需求、尊重需求，以及自我实现的需求。那么，网络文学平台用户的需求，除了对内容或服务的基本需求外，真正能够有效防止网络文学用户离开平台的是，用户在平台建立的满足社交需求的社交关系。网络文学用户更愿意根据自己的朋友或社交圈选择阅读内容，所以网络文学平台更应该增强平台的社交属性，尽量满足网络文学用户的社交需求。本书认为，增强网络文学平台的社交关系，主要从三方面入手，即平台与用户、用户与用户、作者与用户的社交关系。

1. 平台与用户

网络文学平台与用户之间的社交关系，体现在平台的推送机制、社区交流机制以及平台对用户阅读体验需求的满足。

网络文学平台根据每个用户的阅读习惯、阅读行为数据，绘制出每位用户的画像，向用户推送定制化产品或服务。从“人找书”到“书找人”，最终实现“内容沟通”，不仅可减少用户过滤无效信息、搜索目标内容的时间成本，还是维系社交情感的方式，会给用户一种被时时惦念和重视的感觉，这是平台与用户之间建立社交关系的开始。网络文学平台在推送信息的过程中，应该注意到网络文学用户阅读时间碎片化特征，尽量做到顺应用户时间安排，并且合理把握信息推送频率：一方面，平台在推送信息产品时，应该选择用户可以接收信息的时间，防止信息的无效推送，制约传播力与影响力。根据易观发布的《中国移动阅读市场年度综合分析（2020）》，移动阅读用户通常选择在通勤中、用餐时、睡眠前进行阅读，因此网络文学平台应尽量选择此时间段内推送信息。另一方面，信息推送的频率要适度，有效增强信息的累积效应。网络文学平台要把握推送信息的频率，否则推送的时间间隔越久，就越会减弱内容的影响力，但推送更新频率也不能太快，不能超过用户所能承载信息的上限，否则会成为冗余信息，不仅会增加平台运营负担，还会影响信息传播效果。

平台应建立基于兴趣的交流社区。这些社区可以基于一部（系列）作品、一个作品角色、一个热门作者、一个文学大类等，社区的用户规模可大可小。平台既可以设专门的工作人员负责维护社区，也可以遴选出活跃用户作为社区负责人，并设置相应的激励机制以促进长期稳定运营。平台可通过不定期在社区内发起活动、话题，引导用户发言，来提升用户的活跃度。2019 年阅文拥有 361 个交流社区，例如，起点读书基于作品建立了“本章说”社区（阅读平台的评论功能，即数字阅读版“弹幕”），2020 年评论量近亿，评论量超 100 万的作品超百部，其中《诡秘之主》累计评论数最高，超 1200 万条。在“书友圈”社区，《诡秘之主》的粉丝达 1040 万人。起点读书基于作品角色打造了应援功能，读者可以利用社区为喜欢的作品角色点赞来为其应援，2020 年点赞量破亿，角色标签数超 30 万。[①] 此外，平台还应进一步利用用户的阅读数据，向不同阅读圈的用户推送线下活动信息，形成线上、线下交流互动，进一步深化平台与用户的社交关系。

平台还要继续满足用户在阅读体验方面的需求。唐纳德 · A. 诺曼（Donald A. Norman）曾提出，人的情感设计具有本能的、行为的、反思的三种水平。[②] 对于网络文学用户来说，本能层就是用户在触觉、视觉或听觉上的反应，用户浏览网络文学平台时对网页美观度、内容分类等产生的直观感受；行为层是用户对于网络文学网站搜索、互动便捷性等功能的体验；反思层多集中于用户在阅读之后对于内容质量的整体评价和改编方向的主观期望，以及使用平台的满意度等。内容质量在前面已经有所提及，在设计网络文学平台时还应尽量满足用户在阅读时的感官需求，让用户可自主调节界面颜色、亮度、字体大小、标签、背景图等，提高用户对互联网平台的使用体验满意度。本书以 5 款移动阅读 APP（2021 年 8 月）为例，分析它们是如何满足用户阅读体验的。如表 5-2 所示：

① 《网络文学发展报告》课题组 . 2020 年度中国网络文学发展报告 [EB/OL].（2021-03-27）[2021-08-12], https://new.qq.com/rain/a/20210327A0C3BE00.

② 唐纳德 · A. 诺曼 . 情感化设计 [M]. 付秋芳 , 程进三 , 译 . 北京：电子工程出版社 , 2005 : 44.

表 5-2　5 款移动阅读 APP 的阅读体验

	QQ阅读	书旗小说	百度阅读	掌阅iReader	天翼阅读
手机图标	白底，企鹅读书的设计图标	白绿相间底色，“书旗小说”的设计字体	绿底，“du”的设计字体	白底，书的象形设计	用户阅读时的生动设计
启动界面	“海量原著，想读就读”	“阿里巴巴旗下阅读平台”	“让时间更有价值”	“引领品质阅读”	“更懂阅读的你”
登录方式	QQ、微信一键登录，或手机号、起点账号、游客登录	微博、淘宝、支付宝、微信、QQ免注册登录，或手机号登录	百度账号、新浪微博、QQ，或手机号登录	微信、QQ、微博账号免注册登录，或手机号登录	微信、QQ、微博账号免注册登录，或手机号登陆
板块设置	书架、精选、免费、书库、我的	书架、书城、福利、分类、我的	书架、精选、分类、我的	书架、书城、分类、我的	书架、书城、发现、我的
书库（书城）或精选设置	显示图书总量，及新增量。注重分类，横向轴显示男生、女生、出版、听书等分类作品，纵向轴显示月票榜、畅销榜、免费榜等分类作品	以分类、榜单、完结、新书作为主要板块	以推荐、男生、女生、图书、VIP为主要板块	以精选、男生、女生、出版、听书、漫画、VIP为主要板块	以精选、分类、榜单、优惠为主要板块
书架设置	用户自己选择书籍，提示未读章节，记录每周阅读时长，并有云书架、“Wi-Fi传书”的导入书籍功能，书架的分组和编辑功能	个性化推送书目，提示已阅读量，记录每一本书的阅读时长，有“Wi-Fi传书”、下载管理、管理书架功能	用户自己选择书籍，提示已阅读量，有“Wi-Fi导入”功能，整理书架、书架列表样式、阅读记录	用户自己选择书籍，平台可根据用户偏好推荐相同书籍到书架，记录每周阅读时长，有“Wi-Fi传书”功能	记录阅读章节，有“Wi-Fi传书”功能和管理书架功能

续表

	QQ阅读	书旗小说	百度阅读	掌阅iReader	天翼阅读
阅读体验设置	可查阅目录和阅读进度，调节亮度、字号、字体、背景色、行间距、日间/夜间阅读模式、翻页方式等，设有自动阅读开关、在阅读时接收世界消息开关、阅读页展示金币图标开关，可随时进入书友圈交流，可下载、赠月票、分享、添加书签、全文搜索、领红包、查看粉丝榜、设置想法开关、举报，可针对某一句话或词语发表想法、分享、划线、查阅词典、复制、纠错。	可查阅目录和阅读进度，调节亮度、字号、字体、背景色、行间距、屏保时间、翻页方式、日间/夜间阅读模式等，可设置护眼模式、横/竖屏锁定，自动翻页模式，屏保时间、进度滑动杆调整范围、阅读进度计算范围、福利中心快速入口、单手模式、启动应用自动打开上次位置，可分享、下载、去书架、查阅书籍详情，可随时对某一句话或词语进行评论、分享、复制、纠错。	可查阅目录和阅读进度，调节亮度、字体、字号、背景色、字体色、版式间距，可设置夜间/日间阅读模式、自动翻页模式、护眼模式、翻页动画，可添加书签、全文搜索、评论、查阅简介、听书，可随时对某一句话或词语复制、划线、百科、分享、拼音、翻译。	可查阅目录和阅读进度，调节亮度、黑夜/白天模式、字体、背景色、行间距，可设置自动阅读、翻页方式、阅读进度显示方式、护眼模式、点击屏幕左侧进入下一页开关、精装书支持字体生效、屏幕关闭时间、休息提醒、自动购买下一章、推荐相同偏好的书籍到书架，可添加书签、分享、全文搜索、查阅书圈、投票、举报，可随时对某一句话或词语发表所有人可见或仅自己可见的阅读即时想法，同步阅读进度和想法，分享、划线、查阅词典、复制、百科、纠错。	可查阅目录，调节黑夜/白天阅读模式、亮度、字号、行距、背景色、屏保时间、翻页方式等，可设置自动购买下一章、眼保健操提醒、自动切换夜间模式朗读模式等，可添加书签、查阅书籍详情、分享、开启连载更新、下载，可针对某一句话或词语划线、发表想法、复制、分享。

为进一步满足用户阅读体验，阅文集团率先进行了尝试，与微软（亚洲）互联网工程院合作，开启人工智能赋能网络文学的“IP唤醒计划”，赋予旗下100部小说的100个男主人公精英、校草、电竞大神、仙君4种人格设定的可交互“生命”，展开与用户的多场景互动。用户可在红袖读书平台“我的”页面中进入“男友养成”，开启与他们的专属剧情和自由对话，还能获得24小时智能陪伴。这项功能以角色涵盖范围更广的情感交互为纽带，满足了用户对角色在剧情之外的个性化需求，提高了平台与用户的双向交互关系，从而增强了平台的用户黏性。其他网络文学平台应尽量开拓可使平台与用户双向交互的设计，通过社交关系将用户留在平台。

2. 用户与用户

网络文学平台上用户与用户的社交关系，需要平台的良性机制作为基本保障。平台建立的交流社区，在增强平台与用户双向交互的同时，也密切了用户与用户的社交关系，引导用户在阅读章节之后进行评论交流，通过段评或章评的弹幕功能，或是书友圈部族的发帖模式，传播用户的阅读感受，有效引发相应网络文学作品读者群体的共情体验。网络文学平台还应努力将用户间的“弱社交关系”逐渐变为“强社交关系”。根据同边网络效应，用户会因朋友的加入而更快进入平台，通过平台补贴等方式，激励已有用户邀请新用户加入平台，通过裂变式增长快速增加平台的用户数量。同时，基于现实社交关系而建立起来的阅读平台，其“强社交关系”会有效增加用户离开平台的转换成本。阅读是本体也是载体，通过满足用户的社交需求，实现阅读业务的可持续性增长。

3. 作者与用户

根据跨边网络效应，平台两边用户具有强依存性，会因为一边用户数量的增加而提高平台另一边用户的效用。因此，应加强网络文学平台作者与用户的社交关系，进一步增强平台的用户黏性。

网络文学用户可以与作者在书友圈中就故事情节的发展展开讨论，这也是当前多数网络平台积极跟进的互动形式，这会在某种程度上引导作者的创作方向，甚至改变故事的走向。此外，用户可以通过“投月票”“投推荐票”“打赏”的方式支持喜爱的作品和作者，不仅能够使作者获得更多的奖励金，还可以帮助其登上排行榜。用户还可以通过平台的“催更”机制，让作者在收到“市场期待值”后，加快自己的写作进度，从而进一步加强二者的社交关系。

为了进一步增强作者与用户之间的社交关系，作者可以在与用户的交流过程中，通过建立粉丝群、直播、留言评论等方式分享个人生活感悟、生活趣闻、情感经历等，满足用户对作者生活隐私的窥探欲和好奇心，拉近作者与用户的距离。用户则可以通过创作衍生文、绘制图片、为角色配音、制作视频等方式，构建专属于作者和用户的“共创”基地，以另一种“深度交流”的方式增强作者与用户的情感交互。

（二）提高虚拟资产

用户或作者在平台中的建设和成长机制是用户在网络文学平台的虚拟资产，这种虚拟资产也构成用户或者作者在平台的转换成本。

对用户来说，虚拟资产可以理解为用户在网络文学平台积累的用户等级。起点中文网就根据用户参与度的不同，设置了将用户分级的

“粉丝积分”机制，从初级的“见习”“学徒”“弟子”，到高级的“掌门”“宗师”“盟主”，待遇各不相同，例如“见习”用户最多给予一部作品5张月票，而“盟主”用户的月票数就无上限。用户若离开平台，则要放弃已有的“粉丝积分”。另外，网络文学用户可以在平台保留阅读进度和收藏记录，这都是用户在平台中的“虚拟资产”，也是转换成本，可以有效锁定用户。

对作者来说，虚拟资产是作者在网络文学平台积累的等级、名声和资源，例如用户的推荐票和点击量等，若作者转移到其他网络文学平台，则会造成一定的损失。

网络文学平台应增加虚拟资产的品类设置，让用户或作者在平台的使用记录和使用行为尽可能成为其在平台的转换成本，有效防止用户和作者入驻其他平台。

（三）改善付费引导机制

平台从免费到付费的过程较易引起用户流失，所以要在这个阶段了解用户的付费意愿，丰富用户的付费方式，为用户创造更好的付费体验。艾瑞咨询的《中国数字阅读产品营销洞察报告（2020年）》中显示，用户偏好直接购买整本图书或购买单月会员，占比超30%，购买年度、季度会员、购买图书章节占比约26%，用户对于连续包月、包季、包年、按金额充值的付费意愿较低。根据以上数据，本书认为，还应该从以下几个方面丰富用户的付费体验：

首先，为了保障网络文学内容质量，摆脱“重量不重质”、凑字数的情况，笔者认为网络文学平台应该添加按热度收费的模式。热度是用户对一本书的关注度，包含每部网络文学的点击量、评论量等。按热度付费的阅读模式可以使作者在故事情节和内容质量上下功夫，吸引更多用户前来阅读，促进网络文学平台的健康发展。

其次，用户付费时，不仅要考虑价格因素，更看重“让渡价值”①。用户的付费意愿是与会员付费增值权益呈正相关关系的，所以用户付费成为会员时，平台需要给予会员与众不同的特权，让付费用户能够体验到其他用户无法体验的内容，组织会员的线上线下活动，例如周边纪念品活动、作者直播活动、线下作者见面会、新书发布会等，使用户获得归属感和满足感，从而增强平台的用户黏性。

网络文学平台应在充分了解和分析付费用户需求的情况下，积极拉近与付费用户之间的距离，使平台和付费用户之间形成一种紧密的联系，维护和提升平台的用户黏性，可在其他平台使用免费策略时，防止自身平台用户流失。

（四）打造硬件设备

网络文学平台若想增强用户黏性，还需要从无形到有形——软硬通吃，制作电子书阅读器，将竞争延伸至用户阅读体验场景领域。

阅文集团 2017 年推出了 QQ 阅读电子书，2019 年推出了“口袋阅”，可直接连接阅文海量的正版网络文学内容，以硬件为支撑打造用户的专属阅读空间，为用户提供优质的阅读体验，并且还为阅文集

① “让渡价值”理论是指用户总价值与用户总成本之间的差额。用户期望以最少的成本来获得更多利益，企业为获得更多用户，需要提供更多“让渡价值”。

团提供更加多元化的传播渠道。当其他网络文学平台提出免费策略时，已购买阅读器的用户一旦离开阅文平台，QQ阅读电子书和“口袋阅”将成为用户在阅文平台的沉没成本。

网络文学平台应该积极打造丰富用户阅读场景的硬件终端，有效提高用户在平台的转换成本，防止用户离开平台。

第二节　需求侧：优化网络文学用户

平台企业并不是通过生产产品获得利润，而是通过连接供需两端而获取收益，所以对平台企业来说，最重要的是要吸引足够多的用户。中国网络文学平台应积极优化用户，一方面是应该提高中国用户的版权意识，增加付费用户，另一方面则应该努力拓展海外用户市场。

一、提高版权意识

在过去，盗版侵权一部传统文学作品是需要一定成本的，包括纸张费用、印刷费用等。在互联网时代，盗版之所以猖獗，是因为网络文学的边际成本几乎为零，盗版者只需要转载便能获得巨额利润，分流了大量的网络文学用户，侵犯网络文学平台及作者的权益。网络文学的版权保护是国家、行业、作者、用户的共同责任，所以在国家制定版权保护的相关政策、行业加强自律之外，还应更注重培养用户的版权意识，从用户个人角度出发，从根本上治理网络文学的盗版侵权。

由于中国对于国民关于版权意识的教育起步较晚，所以中国公民对版权保护的意识薄弱，没有形成版权付费意识。提高用户版权意识和权利人的维权意识，就成为在版权开发运营过程中非常重要的一个环节。

首先，在政策方面，应该加大对版权的宣传教育，提高中国网络文学用户的版权意识。例如，可以将加强版权意识宣传教育的规定融入《中华人民共和国著作权法》中，在《中华人民共和国著作权法实施条例》中作出更细化的规定，出台关于版权宣传教育的专门规章制度，以一种强制性的手段，为版权宣传教育提供有力的保障，将版权宣传教育落到实处。除了在版权意识宣传的方式上做硬性规定，还可以采取软性的方式，用浅显易懂的故事、漫画或广告，向大众进行普及教育，让大家充分意识到盗版侵权、改编侵权的危害。

第二，从网络文学平台层面来说，一方面，大力削弱免费意识的源头，培养用户付费意识，提高用户先授权后使用的规则意识；另一方面，成立专门机构或组织行业交流，传播版权保护意识和衍生文化，提高用户、作者和制作方的版权意识。

第三，从作者角度来看，应该经常通过微博等社交媒体呼吁抵制盗版、强烈谴责盗版行为。作者的维权行为会影响到网络文学用户，网络文学用户从支持自己喜爱的作家角度出发，支持正版网络文学，由此提高版权意识。

第四，对用户自身来说，要充分意识到盗版侵权对社会及文化的危害，意识到这是对创作者劳动的不尊重，应该从自身出发，自觉提高版权意识，不再从内心依赖免费内容，懂得付费是阅读的前提。

二、拓展用户市场

中国网络文学被称为是与美国好莱坞大片、日本动漫、韩国偶像剧比肩的“世界四大文化奇观”之一，由此引发了世界范围的关注，这为中国网络文学的国际化发展创造了条件。中国网络文学布局海外市场，一方面可以避开国内的激烈竞争，开辟新的用户市场，扩大利润来源，并在国际“泛娱乐”文化竞争中探索，从而反哺国内的母体平台；另一方面，可以传播中国的文化以及核心价值观，这是中国文化“走出去”的重要一环。

中国网络文学平台拓展海外用户市场的方式主要有两种：一是与国外互联网平台和出版企业合作，以数字版权授权的方式或以实体出版的方式，输出网络文学作品。2004 年起点中文网开始从东南亚地区起步，向世界输出历史类和言情类的网络文学，《鬼吹灯》《诛仙》相继被翻译成越南语、韩语等。2008 年至 2014 年，中国网络文学在东南亚地区打开了市场，随即欧美翻译网站建立，《盗墓笔记》的英文版上架亚马逊。2015 年，WuxiaWorld 及 Gravity Tales 等翻译网站崛起，与起点中文网合作，翻译更多的网络文学作品。截至 2020 年，海外实体出版网络文学超 4000 部，翻译作品超 3000 部。[①] 二是中国网络文学平台直接进入国外市场。2017 年，阅文集团旗下“起点国际”正式上线，凭借阅文集团拥有的海量内容资源和成熟运营经验，“起点国际”成为最大的全正版中国网络文学海外平台，并且上线海外原创功能。截至 2020 年年底，起点国际向海外用户提供约 1000 部译文作品，超过 20 万部当地原创作品，目标市场以欧美为主，向东南亚、欧美、印度等市场全面拓展。[②] 随着中国网络文学海外市场的不断发展，2020 年网络文学出海市场规模为 11.3 亿，用户规模达 8316.1 万人。[③]

① 奚金燕 . 2021 中国国际网络文学周：全球语境讲好中国故事 [EB/OL].（2021-09-27）[2021-10-18]，https://m.gmw.cn/baijia/2021-09/27/35193331.html.

② 易观 . 中国网络文学版权保护白皮书（2021）[R/OL].（2021-04-25）[2021-08-12]. https://www.analysys.cn/article/detail/20020094.

③ 艾瑞咨询 . 中国网络文学出海报告（2021 年）[R/OL].（2021-09-03）[2021-09-08]. http://report.iresearch.cn/report_pdf.aspx?id=3840.

海外用户从热衷于言情、幻想题材的网络文学，逐步关注到科幻、恐怖悬疑等小众题材的内容，对于将网络文学改编成电视剧和电影的期待最高，占比超 55%，倾向于将网络文学改编成动画电影和漫画的占比 27.9% 和 19.4%。[①] 所以一方面，未来网络文学海外市场的内容题材应更加多元化，通过更加细分的内容维度来满足海外用户的多元化阅读需求。并且，响应习近平总书记在十九大报告中“推进国际传播能力建设，讲好中国故事，展现真实、立体、全面的中国，提高国家文化软实力”的号召，顺应时代要求，网络文学海外市场应将传统文化、现实题材、科幻题材作品作为文化沟通的桥梁，既能传播中国传统文化，又能描摹当代中国的时代风貌，还能展现未来社会图景，从而强化全世界对中国文化的价值认同。另一方面，关注网络文学版权改编的海外市场，在版权改编、开发的过程中注重国际化，寻求国际合作，为中国文化传播创造更广阔的发展空间。在网络文学版权开发过程中，以人类共通情感和价值观作为精神内核，可根据国外用户市场需求融入国际流行的文化元素；或注重国际化的版权合作开发，将版权改编权授权当地公司，或与当地版权公司合作，创作更能被目的国用户接受的内容产品。这样不仅可以拓展不同领域、差异化的国际市场，还能让中国在国际文化交流中施展自己独特的文化气息，并扮演重要角色。

① 艾瑞咨询 . 中国网络文学出海报告（2021 年）[R/OL].（2021-09-03）[2021-09-08]. http://report.iresearch.cn/report_pdf.aspx?id=3840.

第三节 加强网络文学版权保护

版权是知识产权的一个分支，也称著作权。英国约翰·霍金斯（John Howkins）认为，知识产权是新世纪的货币，版权局是21世纪的央行。可见，知识产权已成为经济发展新常态的重要支撑，版权则是经济发展的新引擎，所以加强知识产权保护、版权保护是经济发展的重要保障。

2020年，习近平总书记发表了全面加强知识产权保护的重要讲话，充分体现出对知识产权保护工作的高度重视。习近平总书记强调，创新是引领发展的第一动力，保护知识产权就是保护创新。知识产权保护工作关系国家治理体系和治理能力现代化，关系高质量发展，关系人民生活幸福，关系国家对外开放大局，关系国家安全。讲话还为做好知识产权保护工作提供了根本遵循和行动指南，习近平总书记提出，今后中国要加强知识产权保护工作的顶层设计，提高知识产权保护工作法治化水平，强化知识产权全链条保护，深化知识产权保护工作体制机制改革，统筹推进知识产权领域国际合作和竞争，维护知识产权领域国家安全。[①] 版权保护是推动中国版权产业高质量创新发展的保障基础，也是版权价值得以进一步增值的必要条件。对于网络文学版权保护，艾瑞咨询的《中国网络文学版权保护研究报告（2020年）》提出，目前政府层面积极进行司法、修法、执法以及普法各个环节的查漏补缺，充分发挥督导监管职能作用，夯实网络文学版权保

① 习近平．习近平：全面加强知识产权保护工作激发创新活力推动构建新发展格局 [EB/OL].（2021-01-31）[2021-08-12].http://www.gov.cn/xinwen/2021-01/31/content_5583920.htm.

护保障基础；在企业层面，日常监测投诉与民事诉讼相结合，注重完善维权机制，切实执行各项维权工作；在行业层面，通过版权交流会议以及版权保护组织，凝聚行业力量，以实现版权共治。中国网络版权保护虽然取得了巨大的进展，但还需要认识到目前网络文学版权环境依然形势严峻，需要在各个环节加大版权保护的力度。今后对于中国网络文学版权的保护，还需进一步从健全法律制度、落实行政保护、加强行业自律等方面入手。

一、健全法律制度

我国本着坚持以问题为导向、着力解决影响著作权发展的重点问题和损害著作人利益的突出问题为目的，2020年完成了对《中华人民共和国著作权法》的第三次修订工作，一改违法成本低、维权成本高的现状，大幅提高了侵权法定赔偿额上限，加大惩处力度，从最高50万元增长到500万元，有效规范了文化创意领域的市场秩序，促进行业健康发展。在今后健全法律制度方面，还应该注意：

第一，完善网络文学版权的相关法律法规。版权产业发展迅速，法律的制定需要跟上产业发展的速度。针对形式不断变化的新型盗版行为，例如搜索引擎转码、搭便车等，立法机关应该针对新形势，及时作出反应，完善相关法律法规，让权利人有法可依。针对抄袭行为，立法机关应设置一套量化标准，对于语言文字、故事框架、人物设定、情节叙事、创意逻辑等在何种程度上“借鉴”可被认定为抄袭，进行明确的界定。针对改编侵权行为，法律中应明确规定不同权利主体的权、责、利，缩小法律中的模糊地带，尽量从法律层面对擅自改编、越权改编、篡改情节、不规范改编等行为作出细化的界定，让开发方从一开始便明确知道自己的改编范畴。

第二，规范网络文学版权的归属问题。在过去，网络文学版权会被网络文学平台全部买断，也就是作者转让版权给网络文学平台，之后由版权产生的任何经济利益都与作者无关，这会直接影响到作者的合法权益。每个国家对于版权归属问题制定的法律不同，在我国的法律中，版权有多种转让形式，全部转让或部分转让都是合理合法的，但也有一些国家的法律中禁止全部转让版权，以此避免版权纠纷。所以我国应出台制度，强调在版权交易过程中，尽量避免转让全部版权，减少在版权运营过程中不必要的纠纷和损失。

二、落实行政、司法保护

中国网络文学发展二十余年，网络文学版权改编近几年才逐渐规范。目前，国家版权局已经建立了专门针对网络文学版权监管的“黑白名单”制度，加强对域名备案的监管力度，将盗版侵权网站纳入“黑名单”，公布监管作品的“白名单”，明确网络文学的授权链条。2020年11月，最高人民法院印发《关于加强著作权和与著作权有关的权利保护的意见》，针对目前权利人的维权成本和压力、权利主体举证难、维权能动性不足的问题，提出要大力提高案件审理质效，着力缩短涉及著作权和与著作权有关权利的类型化案件审理周期，完善知识产权诉讼证据规则，允许当事人通过区块链等方式保存、固定和提交证据，真正保证权利人的合法权益。今后，国家版权局等行政部门、最高人民法院等司法部门还应采取更加切实有效的措施，为版权保护提供行政保障，将版权保护落到实处。

在行政保护方面，首先，国家版权局等行政部门应建立一套专门针对网络文学版权改编的保护机制。例如，构建专门针对网络文学的发表登记制度，来解决权利人的自证问题；建立网络文学版权改编的保护体系指标，其中有明确的针对各种版权侵权方式的量化标准，改善改编侵权认定过程中无据可依的现状；培养网络文学版权保护的专业人才，并组建专家咨询委员会，对于较为复杂的侵权行为作出第三方认定。其次，国家版权局等行政部门应推广统一的网络文学版权改编合同模板，明确版权改编过程中权责方面的问题，包括版权许可范围、版权期限、改编范畴、作者介入程度、分成费用、违约需承担的责任等，从版权运营前期规避纠纷。

在司法保护方面，首先，司法部门应根据行政部门细化的网络文学版权保护机制，不断完善专业化审理机制，发挥各类典型案例的标杆指引作用，并有力推动裁判标准统一，提升审判质量效率，通过审判来规范、引导、保障网络文学的发展。其次，应搭建法律诉讼与行政执法一体化运营的有效对接平台，实现联动配合，最大程度保护权利人的合法权益。

三、加强行业自律

加强网络文学版权保护是一项综合性、长期性、系统性的工作，需要国家立法及政策的支持，需要行政执法部门的落实，还需要在遵循责任分配的基本原则下，合理规划行业组织、网络文学平台等各方主体的责任。2020 年，中国版权协会文字版权工作委员会成立，第四届中国“网络文学+”大会网络文学版权论坛、第五届中国网络版权保护与发展大会举行，行业组织发挥着交流、反馈、宣传的重要作用。网络文学平台作为版权的孵化地、版权的运营主体、版权增值的衍生地，更应落实其版权保护的主体责任。

第一，网络文学平台应妥善处理作者、平台及各方之间的关系，为网络文学市场创造和谐共赢的环境。中国信息通信研究院的《2019年中国网络版权保护年度报告》中指出，目前存在平台与权利人之间信息不对称、分散的个体权利人缺乏议价权、行业价值增速与创作者利益增速不成正比的问题，亟须探索适应产业发展、公平透明的分配方案，解决创作者、版权机构、网络服务商、行业上下游的利益分配问题。网络文学平台应规范网络文学版权交易的分配方案，保障作者的合法权益，避免哄抬版权价格和垄断竞争的情况出现。

第二，网络文学平台应承担起对网络文学版权的监管责任，从技术上有效阻止网络文学抄袭、盗版的情况发生，为网络文学建立良好的发展环境。首先，在严格执行网络文学作者实名注册制度外，还应要求用户进行实名注册。实名注册不仅可以使司法机关对盗版行为有迹可循、有据可查，还能为权利主体提供维权的后台数据证明。其次，通过整合网络文学内容建立大数据监测处置机制，监测比对抄袭内容，并且监测盗版行为。抄袭作品往往通过智能写作软件素材库中的内容糅合拼凑而成，大数据监测处置系统搭建后，可以管控智能写作软件，比对分析有抄袭嫌疑的作品，有效杜绝抄袭行为。当有盗版内容出现在网络中时，还可利用大数据监测处置系统发现、过滤、删除盗版网络文学。再次，运用具有去中心化、不可篡改性、时序性特点的区块链技术，来提升版权保护的力度。网络文学平台使用区块链技术可记载作品的权利管理信息，包括作品的上传时间、被其他人阅读的痕迹、内容修改、权属变更等信息。司法部门、执法机关完善与区块链技术相适配的行政规则，可在取证过程中获得版权侵权的完整证据链，计算并确定侵权赔偿数额，破解网络文学版权保护的技术难题。

第三，网络文学平台应承担起维权主体责任，组建专业维权团队，完善维权机制，维护平台与作者的合法权益。2020 年阅文集团开始承担平台上所有作家作品的维权成本，提升了作者维权的动力和信心，并针对 1941 本作品提起了维权诉讼，在法务和版权方面建立了系统的维权流程。[①] 未来，网络文学平台还应进一步从经济保障、法律援助、技术支持等方面深耕维权机制，推进网络文学行业的健康发展。

① 易观 . 中国网络文学版权保护白皮书（2021）[R/OL].（2021-04-25）[2021-08-12].https://www.analysys.cn/article/detail/20020094.

结 语

网络文学发展二十余年，在国家政策的大力保障下，网络文学行业的占位显著提高，在内容领域扎实深耕，在产业模式方面不断创新，并积极拓展海外市场。网络文学行业正在实现迭代与新生，网络文学产业呈现出主流化、精品化的发展趋势，网络文学平台继续向规模化和多元化经营的方向发展，未来，无论在内容领域，还是在运营模式、海外传播等方面，都仍需不断的探索与尝试。

第一，在内容方面，网络文学平台应培育品牌化的作者、内容。一方面，网络文学作者呈专业化趋势，目前有超过六成的兼职作者，他们的本职工作身份是大学教授、科研人员、医生、扶贫干部、警察等，例如《大国重工》《何日请长缨》的作者齐橙是中国社会科学院工业经济研究所博士、北京师范大学的统计学副教授，《我真没想当救世主啊》的作者火中物曾从事一线环保科研工作，《当医生开了外挂》的作者手握寸关尺是一位三甲医院的职业医生。这些具有专业背景的网络文学作者可以为描绘现实画卷、书写伟大时代、传播中华文化、呼应主流价值的作品源源不断地提供素材，生产更加多元化、现实化、专业化、高质量的作品，满足读者全方位阅读体验。另一方面，网络文学作者呈年轻化趋势，90 后成为作家队伍的新增主体，例如《万族之劫》的作者老鹰吃小鸡、《我师兄实在太稳健了》的作者言归正传、《我真的不是气运之子》的作者云中殿，他们与读者的年龄层和价值观更为接近，有着更加敏锐的网络嗅觉、灵活的网络思维、个性的网络语言，可以在更大程度上满足阅读需求。针对网络文学作者专业化和年轻化的发展趋势，网络文学平台应量身打造品牌化的作者，通过培养和激励的方式，或是通过合作和挖掘引进的方式，让作者深耕某一题材领域，由品牌化的作者生产品牌化的内容，形成网络文学平台的品牌化特色。品牌化的作者应与品牌化的网络文学平台建立某种“互动”关联，互促互进，作者因平台而成长，之后“反哺”平台，共同促进网络文学内容生态繁荣。

第二，在版权运营方面，网络文学平台应构建品牌化的版权运营方式。网络文学平台以其强大的内容资源占据着文化产业的源头地位，为影视、动漫、游戏、有声阅读等下游产业提供着不断的创意源流，为泛娱乐产业带来价值增益。网络文学平台要合理定位，明确平台的优势和聚集用户的核心竞争力，深挖各个网络文学平台在版权运营方面的特色，并在此基础上构建平台品牌化的影响力，让用户一想到某个网络文学平台，就能想到它的品牌特征。例如阅文集团，可以将自身打造为玄幻类题材网络文学的专业运营平台，或者阿里文学，将自身打造为都市情感类题材网络文学的专业运营平台，等等。接下来，网络文学平台应进一步创新并寻找战略“蓝海”，通过对网络文学平台的用户数据分析，把握受众的心理和行为变化，调整网络文学平台的品牌定位，在“蓝海”市场中开辟新颖题材的网络文学版权运营，通过联动运营、产业链耦合等方式实现各开发形式的同频共振，创建品牌化的网络文学平台版权运营方式。

第三，在海外传播方面，网络文学平台应以开放的心态合作创新，实现共赢。网络文学出海以“讲好中国故事”为内核，肩负着彰显中国文化软实力、构建“网络空间命运共同体”、促进世界文明互鉴与文化交流的重要使命。在网络文学出海方面，网络文学平台应全力推进渠道合作，与国外在线内容平台在版权授权、线上翻译等方面深度合作，有效利用当地市场渠道，为网络文学出海创造新的动能。在网络文学改编出海方面，网络文学平台应加大与国际优势企业的合作，尤其美国迪士尼、日本东映动画等国际知名企业，不但可以整合资源开拓创新，还可以融入国际元素，让中国故事走向世界，彰显大国文化底蕴。

习近平总书记在出席中国文学艺术界联合会第十一次全国代表大会、中国作家协会第十次全国代表大会时发表重要讲话，提出“广大文艺工作者要从时代之变、中国之进、人民之呼中提炼主题、萃取题材，展现中华历史之美、山河之美、文化之美，抒写中国人民奋斗之志、创造之力、发展之果，全方位全景式展现新时代的精神气象”。中国网络文学产业肩负着历史使命和和文化责任，在谱写立体、丰富、生动故事图景的同时，还要通过宏观、整体、系统规划的版权运营模式，以传播全方位、形式多样化、合作多元化的方式向全世界展示中国人民的奋斗意志和精神气象，传达有筋骨、有道德、有温度的中华文化理念，塑造可信、可爱、可敬的中国形象。中国网络文学平台版权运营的未来发展，仍将面对外部环境和内部发展的双重挑战，但最终会成为建设文化强国和实现中华民族伟大复兴征程中不可或缺的重要力量。

参考文献

一、著作

1．安澜 · B. 艾尔布兰 . 传媒经济学：市场、产业与观念 [M]. 陈鹏 , 译 . 北京：中国传媒大学出版社 , 2009.

2．艾莉森 · 亚历山大 , 等 . 媒介经济学：理论与实践（第三版）[M]. 丁汉青 , 译 . 北京：中国人民大学出版社 , 2008.

3．安妮塔 · 埃尔伯斯 . 爆款 . 如何打造超级 IP [M]. 杨雨 , 译 . 北京：中信出版社 , 2016.

4．菲利普 · 科特勒 , 等 . 市场营销导论 [M]. 俞利军 , 译 . 北京：华夏出版社 , 2001.

5．吉莉安 · 道尔 . 理解传媒经济学 [M]. 李颖 , 译 . 北京：清华大学出版社 , 2004.

6．杰奥弗雷 · G. 帕克 , 马歇尔 · 范 · 埃尔斯泰 , 桑基特 · 保罗 · 邱达利 . 平台革命 [M]. 志鹏 , 译 . 北京：机械工业出版社 , 2017.

7．克里斯 · 安德森 . 长尾理论 [M]. 乔江涛 , 译 . 北京：中信出版社 , 2006.

8．柯林 · 霍斯金斯 . 媒介经济学：经济学在新媒介与传统媒介中的应用 [M]. 支庭荣 , 吴非 , 译 . 广州：暨南大学出版社 , 2005.

9．罗伯特 · G. 皮卡德 . 媒介经济学：概念与问题 [M]. 赵丽颖 , 译 . 北京：中国人民大学出版社 , 2005.

10．罗伯特 · G. 皮卡德 , 杰弗里 · 布罗迪 . 美国报纸产业 [M]. 周黎明 , 译 . 北京：中国人民大学出版社，2004.

11．迈克尔·波特．竞争战略 [M]. 陈丽芳，译，北京：中信出版社，2014.

12．小艾尔弗雷德·D. 钱德勒．企业规模经济与范围经济 [M]. 张逸人，等译．北京：中国社会科学出版社，1999.

13．唐纳德·A. 诺曼．情感化设计 [M]. 付秋芳，程进三，译．北京：电子工程出版社，2005.

14．白冰．出版专业案例教程 [M]. 成都：四川人民出版社，2018.

15．陈宏民，胥莉．双边市场：企业竞争环境的新视角 [M]. 上海：上海人民出版社，2007.

16．陈威如．平台革命 [M]. 北京：中信出版社，2014.

17．陈向明．质的研究方法 [M]. 北京：教育科学出版社，2000.

18．陈应龙．双边市场中的平台企业的商业模式研究 [M]. 杭州：浙江大学出版社，2016.

19．程贵孙．互联网平台竞争定价与反垄断规制研究，基于双边市场理论的视角 [M]. 上海：上海财经大学出版社，2016.

20．范周．网络文学批评 [M]. 北京：知识产权出版社，2019.

21．韩布伟 .IP 时代：从 0 到 1 打造超级 IP[M]. 北京：中国铁道出版社，2016.

22．韩布伟．泛娱乐战略 [M]. 长春：北方妇女儿童出版社，2016.

23．纪海龙．网络文学网站 100[M]. 北京：中央编译出版社，2014.

24．姜奇平．长尾战略：长尾理论（本土实践版）[M]. 北京：中信出版社，2007.

25．姜英．网络文学的价值 [M]. 成都：巴蜀书社，2013.

26．李斌 .IP 生态圈：泛娱乐时代的 IP 产业及运营实践 [M]. 北京：中国经济出版社，2017.

27．刘川．网络效应 [M]. 北京：新华出版社，2017.

28．刘芸畅．超级 IP 养成术 [M]. 北京：中国文史出版社，2016.

29．马季．网络文学透视与备忘 [M]. 北京：中国社会科学出版社，2010.

30．南立新，曲琳．新内容创业：我这样打造爆款 IP[M]. 北京：机械工业出

版社 , 2016.

31．欧阳友权 . 网络文学发展史 [M]. 北京：中国广播电视出版社 , 2008.

32．欧阳友权 . 网络文学概论 [M]. 北京：北京大学出版社 , 2008.

33．欧阳友权 . 网络文学评论 100[M]. 北京：中央编译出版社 , 2014.

34．欧阳友权 . 中国网络文学二十年 [M]. 南京：凤凰文艺出版社 , 2019.

35．欧阳友权 . 中国网络文学编年史 [M]. 北京：中国文联出版社 , 2015.

36．欧阳友权 . 网络文学研究成果集成 [M]. 北京：中国文联出版社 , 2015.

37．秦阳 , 秋叶 . 如何打造超级 IP[M]. 北京：机械工业出版社 , 2016.

38．苏海海 . 互联网产品运营教程 [M]. 北京：中国铁道出版社 , 2018.

39．王璐 , 郑傲 . 文学写作第 2 版 [M]. 天津：天津大学出版社 , 2019.

40．现代管理词典编委会 . 现代管理词典（第 3 版）[M]. 武汉：武汉大学出版社 , 2012.

41．徐晋 . 平台经济学——平台竞争的理论与实践 [M], 上海：上海交通大学出版社 , 2007.

42．徐晋 . 平台竞争战略 [M]. 上海：上海交通大学出版社 , 2013.

43．杨玲 . 新世纪文学研究的重构 [M]. 厦门：厦门大学出版社 , 2019.

44．于雷霆 . IP 打造和营销实战手册 [M]. 北京：人民邮电出版社 , 2016.

45．禹建湘 . 网络文学关键词 100[M]. 北京：中央编译出版社 , 2014.

46．禹建湘 . 网络文学产业论 [M]. 北京：中国社会科学出版社 , 2011.

47．余丽丽 , 吴飞 . 大众传媒经济学：理论与实务 [M]. 上海：上海交通大学出版社 , 2008.

48．张路 , 吴比 . 盛大传奇——陈天桥和他的“蓝海”之路 [M]. 北京：中信出版社 , 2007.

49．赵曙光 , 史宇鹏 . 媒介经济学：一个急速变革行业的原理和实践 [M]. 长沙：湖南人民出版社 , 2003.

50．中国作协网络文学研究院 . 网络文学论丛（上）[M]. 杭州：杭州出版社 , 2019.

二、期刊

1．鲍娴 . 泛娱乐生态体系中的网络文学版权运营 [J]. 中国出版 , 2017（17）.

2．陈洁 , 吴申伦 . 社群参与式的网络文学版权构建模式构想与运营实践 [J]. 出版发行研究 , 2019（10）.

3．陈维超 .IP 热背景下网络文学作品的版权问题及优化策略 [J]. 广西社会科学 , 2019（7）.

4．丁宏 , 梁洪基 . 互联网平台企业的竞争发展战略——基于双边市场理论 [J]. 世界经济与政治论坛 , 2014（4）.

5．高黛云 . 互联网情境下网络文学 IP 运营分析 [J]. 西部学刊 , 2019（9）.

6．高婷 . 网络文学作品 IP 改编存在的版权问题及对策思考 [J]. 中国出版 , 2018（7）.

7．洪乐为 . 网络文学版权保护中的“法律与技术”命题——基于抄袭问题的法理探析 [J]. 中国出版 , 2019（9）.

8．吉喆 . 网络文学影视改编的现状分析 [J]. 电影文学 , 2021（3）.

9．江小妍 , 王亮 . 泛娱乐环境下的 IP 运营模式研究 [J]. 科技与出版 , 2016(5).

10．李华成 . 网络文学 IP 改编的“乱”与“治”[J]. 科技与出版 , 2017（3）.

11．李明霞 , 赵晴 . 网络文学泛娱乐化运营模式下 IP 版权价值计算与收益分配问题探析——从盛大文学衰落到阅文集团崛起 [J]. 戏剧之家 , 2020（12）.

12．李育菁 , 张婕 . 中日 IP 泛娱乐产业发展差异研究——基于 SCP 理论视角 [J]. 南京航空航天大学学报（社会科学版）, 2020（4）.

13．茅硕 . 泛娱乐时代全 IP 产业的发展趋势 [J]. 出版广角 , 2016（18）.

14．倪一鸣 . 盛大文学向平台运营商转型之路——浅析盛大文学“云中书城”运营模式 [J]. 出版科学 , 2014（3）.

15．汤哲声 . 边缘耀眼——中国通俗小说 60 年 [J]. 文艺争鸣 , 2011（9）.

16．田常清 , 孟鑫 . 我国网络文学著作权侵权成因及对策分析 [J]. 出版与印刷 , 2020（1）.

17．王一川．网络时代文学：什么是不能少的？ [J]. 大家，2000（3）.

18．王志．媒体融合背景下 IP 开发的困境与对策 [J]. 传媒，2017（7）.

19．王志刚，度冉．大数据时代网络文学版权保护的新问题及其规制 [J]. 科技与出版，2018（11）.

20．吴赟，陈思．基于价值链理论的网络文学 IP 版权价值开发开发困境与对策研究——以阅文集团为例 [J]. 出版广角，2018（21）.

21．夏朝羡．区块链技术视角下网络版权保护问题研究 [J]. 电子知识产权，2018（11）.

22．肖海，江舒．日本动漫版权保护对中国网络文学版权保护的启示 [J]. 大庆师范学院学报，2020（2）.

23．许洁．网络文学 IP 改编版权侵权现象探析 [J], 中国广播，2020（2）.

24．许苗苗，徐文郁．网络文学的定义 [J]. 北京市政法管理干部学院学报，2002（1）.

25．杨萌芽，余沐岑．网络文学 IP 改编中的版权问题探讨 [J]. 中国编辑，2018（12）.

26．张聪，吴思岐，常帅，田晶，丁彦清．应用于出版平台的“打赏”模式研究 [J]. 科技与出版，2015（6）.

27．曾一果，杜紫薇．数字媒介时代网络文学 IP 改编的再思考 [J]. 中国编辑，2021（6）.

28．周艳．全版权运营：网络文学营销的转型维度 [J]. 出版广角，2019（22）.

三、报告

1．艾媒咨询．2020 年中国有声书行业发展趋势研究报告 [R/OL].（2020-12-18）[2021-08-12].https://www.iimedia.cn/c400/75882.html.

2．艾瑞咨询．中国数字阅读产品营销洞察报告（2020 年）[R/OL].（2020-10-13）[2021-08-12].http://report.iresearch.cn/report_pdf.aspx?id=3664.

3．艾瑞咨询．中国数字阅读行业季度报告（2017年Q2)[R/OL].(2017-09-14)[2021-08-12].http://report.iresearch.cn/report_pdf.aspx?id=3060.

4．艾瑞咨询．中国网络文学版权保护研究报告（2020年）[R/OL].（2020-06-22）[2021-08-12].http://report.iresearch.cn/report_pdf.aspx?id=3595.

5．艾瑞咨询．中国网络文学版权保护研究报告（简版）（2019年）[R/OL].（2019-06-05）[2021-08-12].https://report.iresearch.cn/report_pdf.aspx?id=3378.

6．艾瑞咨询．中国网络文学出海报告（2021年）[R/OL].（2021-09-03）[2021-09-08].http://report.iresearch.cn/report_pdf.aspx?id=3840.

7．艾瑞咨询．中国网络文学行业研究报告（2015年Q2)[R/OL].(2015-08-26)[2021-08-12].http://report.iresearch.cn/report_pdf.aspx?id=2436.

8．艾瑞咨询．中国网络文学行业研究报告（2016年）[R/OL].（2016-03-04）[2021-08-12].http://report.iresearch.cn/report_pdf.aspx?id=2540.

9．艾瑞咨询．中国移动游戏行业研究报告（2020年）[R/OL].（2020-11-06）[2021-08-12].http://report.iresearch.cn/report_pdf.aspx?id=3679.

10.艾瑞咨询．中国移动阅读行业市场季度报告简版（2014Q4）[R/OL].（2015-05-05）[2021-08-12].http://report.iresearch.cn/report_pdf.aspx?id=2333.

11．艾瑞咨询．中国娱乐内容IP衍生产业研究报告（2019年）[R/OL].（2019-10-10）[2021-08-12].http://report.iresearch.cn/report_pdf.aspx?id=3447.

12．比达.2015年第2季度中国移动阅读市场研究报告[R/OL].(2015-08-10)[2021-08-12].http://www.bigdata-research.cn/content/201508/132.html.

13．DataEye.2012-2015年中国文学类IP手游研究报告[R/OL].(2019-02-15)[2021-08-12].http://www.199it.com/archives/445544.html.

14．DataEye&S+:2016年中国泛娱乐行业报告[R/OL].（2017-03-21）[2021-08-12].http://www.199it.com/archives/574618.html.

15．电子商务PPT盛大文学公司分析[R/OL].（2015-01-09）[2021-08-12].https://wenku.baidu.com/view/d054adb79ec3d5bbfd0a74c7.html.

16．国家统计局.2020年国民经济和社会发展统计公报[R/OL].(2021-02-28)

[2021-08-12].http://www.gov.cn/xinwen/2021-02/28/content_5589283.htm.

17．华院分析 .IP 剧粉丝人群分析报告——《择天记》[R/OL].（2017-05）[2021-08-12].http://www.huaat.com/DataCapability_3/59aae63e668ef80196d7d4b7.

18．Mob 研究院 .2020 二次元用户洞察 [R/OL].（2020-05-15）[2021-08-12].https://baijiahao.baidu.com/s?id=1666751970030842368&wfr=spider&for=pc.

19．Mob 研究院 .2020 年移动阅读行业研究报告 [R/OL].（2020-09-22）[2021-08-12].https://www.mob.com/mobdata/report/109.

20．企鹅智酷 .IP 热潮与泡沫：网络文学 IP 价值判断报告 [R/OL].（2016-04-09）[2021-08-12].https://socialone.com.cn/the-report-about-the-value-of-net-literature-ip-2016/.

21．腾讯研究院 . 中国网络版权产业发展报告（2020）[R/OL].（2021-06-29）[2021-08-12].https://xw.qq.com/cmsid/20210616A0DGGI00.

22．头豹研究院 .2021 年中国网络文学行业概览 [R/OL].（2021-03）[2021-08-12].https://www.doc88.com/p-84087186782196.html.

23．艺恩 . 消费升级时代下的影视内容行业趋势洞察 [R/OL].（2017-09-19）[2021-08-12].http://www.199it.com/archives/634675.html.

24．艺恩 . 中国动漫行业 IP 价值研究报告 [R/OL].（2017-09-18）[2021-08-12].http://www.199it.com/archives/631797.html.

25．易观 . 中国国产动画发展价值洞察（2021）.[R/OL].（2021-12-15）.https://www.djyanbao.com/report/detail?id=2966099&from=search_list.

26．易观 . 中国网络文学版权保护白皮书（2021）[R/OL].（2021-04-25）[2021-08-12].https://www.analysys.cn/article/detail/20020094.

27．易观 . 中国网络文学版权运营专题研究报告（2016）[R/OL].（2016-06-27）[2021-08-12].https://www.analysys.cn/article/detail/1000110.

28．易观 . 中国移动阅读市场年度综合分析（2017）[R/OL].（2017-07-05）[2021-08-12].https://www.analysys.cn/article/detail/1000817.

29.．易观 . 中国移动阅读市场年度综合分析（2020）[R/OL].（2020-04-08）

[2021-08-12].https://www.analysys.cn/article/detail/20019738.

30．阅文集团 .2018 年网络文学发展报告 [R/OL].（2019-02-18）[2021-08-12]. http://www.199it.com/archives/834027.html.

31．云合数据 .2020 年连续剧市场网播表现 [R/OL].（2021-01-06）[2021-08-12]. http://file.enlightent.com/20210113/ec61f1b4202c29e36330e722417c8673.pdf.

32．中国互联网络信息中心 . 第 47 次《中国互联网络发展状况统计报告》[R/OL].（2021-02-03）[2021-08-12].http://www.cac.gov.cn/2021-02/03/c_1613923423079314.htm.

33．中国互联网信息中心 . 中国网络文学用户调研报告 [R/OL] .（2012-06-04）[2021-08-12].https://wenku.baidu.com/view/92f6e9629b6648d7c1c74629.html.

34．中国社会科学院文学研究所“网络文学发展研究报告”课题组 .2021 中国网络文学发展研究报告 [R/OL].（2022-04-07）[2022-05-12].http://www.cssn.cn/wx/wx_yczs/202204/t20220407_5402451.shtml.

35．中国信息通信研究院 .2019 年中国网络版权保护年度报告 [R/OL].（2020-09-16）[2021-08-12].http://www.ncac.gov.cn/chinacopyright/upload/files/2020/9/16184424444.pdf.

四、网络文献

1．《网络文学发展报告》课题组 .2020 年度中国网络文学发展报告 [EB/OL].（2021-03-27）[2021-08-12].http://www.zuojiawang.com/xinwenkuaibao/45448.html.

2．百度百科 . 何以笙箫默 [EB/OL].[2021-08-12].https://baike.baidu.com/item/%E4%BD%95%E4%BB%A5%E7%AC%99%E7%AE%AB%E9%BB%98/13878975?fr=aladdin.

3．传媒少数派 .“泛娱乐时代来临”盘点腾讯、阿里、百度泛娱乐 IP 产业布局 [EB/OL].（2017-02-14）[2021-08-12].https://www.sohu.com/a/126179316_499186.

4．韩依民 . 阅文发布 2017 年财报，去年利润暴增 14 倍 [EB/OL].（2018-03-

19）[2021-08-12].https://tech.qq.com/a/20180319/030841.htm?t=1521521977352.

5．看电视 . 尹鸿：电视剧行业发展现状与趋势展望 [EB/OL].（2020-10-31）[2021-08-12].https://www.sohu.com/a/428666191_211289.

6．三文娱 . 阅文“业绩反转”的 2020：利润大部分来自下半年 [EB/OL].（2021-03-24）[2021-08-12].https://new.qq.com/omn/20210324/20210324A013KJ00.html.

7．腾讯科技 . 阅文集团升级“星计划”加大内容补贴，全面精准服务作家 [EB/OL].（2020-09-23）[2021-08-12].https://tech.qq.com/a/20200923/014414.htm.

8．腾讯科技 . 阅文集团携手微软小冰发布网络文学“IP 唤醒计划”[EB/OL].（2019-09-25）[2021-08-12].https://tech.qq.com/a/20190925/005068.htm.

9．腾讯科技 . 阅文牵头共建“作家生态 2.0”，宣布成立阅文起点大学 [EB/OL].（2020-11-20）[2021-08-12].https://tech.qq.com/a/20201120/007486.htm.

10．网易娱乐 .《花千骨》被赞周播剧王网络播放量破 200 亿 [EB/OL].（2015-09-09）[2021-08-12].https://www.163.com/ent/article/B32G1O8S00032DGD.html.

11．习近平 . 习近平：全面加强知识产权保护工作激发创新活力推动构建新发展格局 [EB/OL].（2021-01-31）[2021-08-12].http://www.gov.cn/xinwen/2021-01/31/content_5583920.htm.

12．习近平 . 习近平：在中国文联十一大、中国作协十大开幕式上的讲话 [EB/OL].（2021-12-14）[2021-12-16].http://www.news.cn/2021-12/14/c_1128163690.htm.

13．奚金燕 . 2021 中国国际网络文学周：全球语境讲好中国故事 [EB/OL].（2021-09-27）[2021-10-18].https://www.chinanews.com.cn/cul/2021/09-26/9574469.shtml.

14．新京报 . 优爱腾：三平台分账有别，与剧方追求共赢 [EB/OL].（2021-03-04）[2021-08-12].http://epaper.bjnews.com.cn/html/2021-03/04/content_798538.htm?div=0.

15．易观分析 . 2014 年第 3 季度中国网络文学市场竞争格局 盛大一家独大腾讯文学步步紧逼 [EB/OL].（2015-05-15）[2021-08-12].https://www.analysys.cn/

article/analysis/detail/6279.

16．易观分析．中国 20 强游戏公司 2020 年年报分析：头部公司业绩增速向好，世纪华通蝉联 A 股游戏第一股 [EB/OL].（2021-05-20）[2021-08-12].https://www.analysys.cn/article/detail/20020112.

17．有饭研究．阅文 2019 年财报：净利润 11 亿，版权运营收入 44 亿 [EB/OL].（2020-03-18）[2021-08-12].https://www.sohu.com/a/381073402_793466.

18．游震.2018 年中国有声读物市场规模现状及盈利模式分析 [EB/OL].(2019-10-14)[2021-08-12].https://www.chyxx.com/industry/201910/792693.html.

19．阅文集团梁晓东：创新合作挖掘数字出版新动能 [EB/OL].（2018-05-10）[2021-08-12].[EB/OL].http://ah.ifeng.com/a/20180510/6566324_0.shtml.

20．张维佳．十张图了解 2020 年中国影视娱乐细分行业市场发展现状 [EB/OL].（2020-08-25）[2021-08-12].https://www.qianzhan.com/analyst/detail/220/200824-cdcc1cc2.html.

21．张稚丹.《2020 中国图书零售市场报告》解读：图书市场的危机与变局 [EB/OL].（2021-01-31）[2021-08-12].https://m.gmw.cn/baijia/2021-01/28/1302075966.html.

22．中国网络文学大会.2018 年中国网络文学发展报告 [EB/OL].（2019-08-10）[2021-08-12].https://www.sohu.com/a/332715922_120124626.

23．中国作协网络文学中心.2020 中国网络文学蓝皮书 [EB/OL].（2021-06-02）[2021-08-12].http://www.chinawriter.com.cn/n1/2021/0602/c404023-32119854.html.

24．庄庸，王秀庭．中国网络文学进入现实题材新时代 [EB/OL].（2018-04-27）[2021-08-12].http://www.chinawriter.com.cn/n1/2018/0427/c403994-29955240.html.

五、其他文献

1．陈飞．腾讯实行“IP”全版权开发的相关研究 [D]. 上海：上海社会科学院，2017.

2．胡永建．网络文学版权开发研究 [D]. 北京：北京印刷学院，2017.

3. 马洋 . 基于用户体验的阅读类产品黏性设计研究 [D]. 北京：北方工业大学，2017.

4. 李阳冉 . 我国网络文学产业全版权运营模式探析——基于 BAT 的对比研究 [D]. 开封：河南大学，2017.

5. 王宁 . 我国网络文学 IP 运营研究 [D]. 武汉：武汉大学，2017.

6. 王鹏 . 国内文学网站的版权运营模式研究——以盛大文学为例 [D]. 长春：吉林大学，2015.

7. 夏莹 . 网络文学市场结构演进研究 [D]. 长沙：湖南师范大学，2016.

8. 熊绎景 . 阅文集团网络文学 IP 运营研究 [D]. 湘潭：湘潭大学，2019.

9. 姚婷婷 . 阅文集团 IP 运营研究 [D]. 南京：南京大学，2016.

10. 于梦溪 . 我国网络文学 IP 运营研究 [D]. 上海：华东师范大学，2016.

11. 李洁非 .Free 与网络写作 [N]. 文学报 .2000-04-20.

12. 李敬泽 . “网络文学”：要点和疑点 [N]. 文学报 .2000-04-20.

13. 李寻欢 . 我的网络文学观 [N]. 网络报 · 大众版，2000-2-21.

14. 王汶成 . 文学与网络传播 [N]. 文艺报，2000-10-31.

15. 赵晨钰、江舒远 . 网络文学：新文明的号角，还是新瓶装旧酒？ [N]. 中华读书报，1999-12-02.

后 记

这几年。

日日耕耘上下求索。

兜兜转转，进进退退，走走停停。

感谢因此，聚沙成塔，成书立志。

感谢恩师，润物无声，授业解惑。

感谢父母，大爱无言，寸草春晖。

感谢自己，以梦为马，从未放弃。

愿仍能，

斜依窗台观异国小巷人生络绎，

独饮百味候金色海边落日辉煌，

徜徉剑河变画中人儿眼中画卷，

仰望星空寻哪颗亿万光年遥远，

仰卧沙滩听夜半千层海浪呼啸，

盘膝山间观茫茫草丛流萤闪烁，

深潜海底追七彩热带鱼儿游弋，

攀爬空中享蓝绿山海云间翱翔，

偶遇桃源赏雨后晴空彩虹隐现，

夜宿山林叹旖旎斑斓自然生辉。

愿能，

一台相机一个背包一走天涯逍遥，

一盏夜灯一杯酿酒一本书恬淡，

一念追光一朝白兰一笑生花圆满。

愿，

内心澄明，丰盛安宁，偶尔抬头，星河闪耀。

谨以此为记。

王晓丹

2021年10月

图书在版编目（C I P）数据

中国网络文学平台的版权运营研究 ／ 王晓丹著．－－ 北京：中国广播影视出版社，2022.5
ISBN 978-7-5043-8368-6

Ⅰ．①中… Ⅱ．①王… Ⅲ．①网络文学－版权－保护－研究－中国
Ⅳ．①D923.414

中国版本图书馆 CIP 数据核字 (2019) 第 284151 号

中国网络文学平台的版权运营研究

王晓丹　著

责任编辑　毛冬梅
责任校对　张　哲
封面设计　肖　虎
装帧设计　九章文化

出版发行　中国广播影视出版社
电　　话　010-86093580　010-86093583
社　　址　北京市西城区真武庙二条 9 号
邮　　编　100045
网　　址　www.crtp.com.cn
电子信箱　crtp8@sina.com

经　　销　全国各地新华书店
印　　刷　鸿博昊天科技有限公司

开　　本　880 毫米 ×1230 毫米　1/16
字　　数　200（千）字
印　　张　15
版　　次　2022 年 5 月第 1 版　　2022 年 5 月第 1 次印刷

书　　号　ISBN 978-7-5043-8368-6
定　　价　48.00 元